大学生职业生涯规划
与就业创业指导
融合媒体教程

主　编　张　海　李　军
副主编　谢媛媛　宋　静　余　跃
　　　　向　君　王　静　曾怡瓶
　　　　颍雨宏　卿　澂

中国林业出版社

内容提要

教材以职业生涯规划、求职就业和创业三大板块为构架,由浅入深、从点到面地介绍了职业生涯规划导论、由内而外的探索、职业生涯规划的行动与调整、大学生就业形势与政策、求职前准备、求职材料的制作方法与技巧、面试的技巧与方法、就业权益维护与就业程序、创业准备、创业资源以及撰写创业计划书与创业启动,力求让学生对就业和创业有一个系统全面的认识和掌握,并且能对自己今后的人生发展进行科学规划,起到很好的导向作用。

图书在版编目(CIP)数据

大学生职业生涯规划与就业创业指导融合媒体教程/张海,李军主编. —北京:中国林业出版社,2019.8
ISBN 978-7-5219-0183-2

Ⅰ.①大… Ⅱ.①张… ②李… Ⅲ.①大学生—职业选择—高等学校—教材 Ⅳ.①G647.38

中国版本图书馆 CIP 数据核字(2019)第 149778 号

中国林业出版社

策划编辑:张 斌
责任编辑:张 佳 孙源璞
电 话:(010)83143561

出版发行 中国林业出版社(100009 北京市西城区德内大街刘海胡同 7 号)
E-mail:thewaysedu@163.com 电话:(010)83143500
网 址 edu.cfph.net
经 销 新华书店
印 刷 固安县京平诚乾印刷有限公司
版 次 2020 年 1 月第 1 版
印 次 2020 年 1 月第 1 次印刷
开 本 787mm×1092mm 1/16
印 张 11.75
字 数 265 千字
定 价 42.00 元

本书编委会名单

主 任 委 员　于建华

副主任委员　郭　毅

委 员　（排名不分先后）

杨中瑞	袁　麟	李春成	周绍军	何国荣
何　雄	张　海	李　军	谢媛媛	宋　静
余　跃	向　君	王　静	曾怡瓶	赖雨宏
卿　澈	李增勇	冯黎兵	高剑飞	李学明
汪仁银	韩新莘	吴映清	吴　限	双学珍
徐长春	张　蕾	蒲咏秋	张春芳	卫舒春
李耘稷	莫书娅	杨　敏	江　媛	谢　鑫
高　星	曾　丹	杨　超	王　媛	杜　欢
刘斯琴	夏　爽	李彧辰		

前言
Preface

为做好毕业生就业与创业工作,帮助大学毕业生了解就业创业形势,熟悉就业政策和创业政策,树立正确的职业生涯发展观,掌握科学合理的求职择业和创业的方式方法,提高学生主动适应社会的能力,根据国家教育部《关于高等学校开设就业指导必修课的通知》精神和教育部办公厅关于印发《普通本科学校创业教育教学基本要求(试行)》的通知,我们在总结工作经验的基础上,参阅了大量相关文献,编写了本教材。

在编写过程中,结合编者所在学校的毕业生就业创业方向及特点,总结相关就业创业指导工作经验,收集了来自大学生自身的真实案例,着力针对大学毕业生这一特定群体的就业创业需要以及当今社会现状,进而对未来社会发展的趋势做了必要的预测。本着新颖、简明、通俗、实用的原则,我们在内容和体系上做到了系统性、全面性和实用性。

教材中,每章设有"本章要点""教学课件""小组讨论""范例"和"课后练习"等模块,每节设有"教学视频""案例导入""小贴士"和"知识拓展"。教材以职业生涯规划、求职就业和创业三大板块为构架,由浅入深、从点到面地介绍了职业生涯规划导论、自我认知与职业探索、职业生涯规划的行动与调整、大学生就业形势与政策、求职前准备、求职材料的制作方法与技巧、面试的技巧与方法、就业权益维护与就业程序、创业准备、创业资源和撰写创业计划书与创业启动;力求让学生对就业和创业有一个系统全面的认识和掌握,并且能对自己今后的人生发展进行科学规划,起到很好的导向作用。

全书共计十一章。由张海、李军担任主编,第一章由李军编写;第二章由王静编写;第三章由宋静编写;第四章由张海编写;第五章由谢媛媛编写;第六章、第七章由卿澈编写;第八章由向君编写;第九章由余跃编写;第十章由赖雨宏编写;第十一章由曾怡瓶编写。全书由张海、李军、谢媛媛统稿并定稿。

在编写过程中,借鉴参考了部分职业生涯规划指导、就业指导及创业指导方面的文献及专家学者的理论观点,在此表示感谢。

由于编者的经验和水平有限,书中难免有不妥之处,敬请专家和读者指正。

编　者

2019 年 5 月

目录
Contents

第一章　职业生涯规划导论

本章要点 ○

（1）掌握"职业""生涯"和"职业生涯规划"的基本概念,理解职业生涯规划的定义和重要作用。

（2）掌握职业生涯规划与找工作的区别与联系。

（3）掌握职业生涯规划的步骤。

（4）通过本章的学习,学生正确地理解职业生涯规划的概念,加深对职业生涯规划意义的认识,从而积极地对自己的生涯进行探索和规划。

PPT

第一节　初识职业和职业生涯规划

吾十有五而志于学,三十而立,四十而不惑,五十而知天命,六十而耳顺,七十而从心所欲,不逾矩。

——孔子

案例导入 ○

教学视频1-1

为什么要上大学?

一、什么是职业

1. 职业的概念

职业是参与社会分工,利用专门的知识和技能,为社会创造物质财富和精神财富,获取合理报酬作为物质生活来源,并满足精神需求的工作。它是人们的生活方式、经济状况、文化水平、行为模式、思想情操的综合性反映,是一个人的权利、义务、职责的体现,也是一个人社会地位的一般性表征。

2. 职业的特征

(1)职业的社会属性。职业是人类在劳动过程中的分工现象,它体现的是劳动力与劳动资料之间的结合关系,其实也体现出劳动者之间的关系,劳动产品的交换体现的是不同职业之间的劳动交换关系。这种劳动过程中结成的人与人之间的关系无疑是社会性的,他们之间的劳动交换反映的是不同职业之间的等价关系,这反映了职业劳动成果的社会属性。

(2)职业的规范性。职业的规范性应该包含两层含义:一是指职业内部操作的规范性;二是指职业道德的规范性。不同的职业在其劳动过程中都有一定的操作规范性,这是保证职业活动的专业性要求。当不同职业在对外展现其服务时,还存在一个伦理范畴的规范性,即职业道德。这两种规范性构成了职业规范的内涵与外延。

(3)职业的功利性。职业的功利性也叫职业的经济性,是指职业作为人们赖以谋生的手段所具有的逐利性的一面。职业活动既要满足职业者自己的需要,同时,也要满足社会的需要,只有把职业的个人功利性与社会功利性结合起来,职业活动及其职业生涯才具有生命力和意义。

(4)职业的技术性和时代性。职业的技术性指不同的职业具有不同的技术要求,每一种职业往往都表现出相应的技术要求。职业的时代性指科学技术的发展,人们生活方式、习惯等因素的变化导致职业被打上那个时代的"烙印"。

3. 职业的发展趋势

(1)由传统型向信息化、智能型转化。传统工艺型职业在科技含量上相对落后,在技术更新速度方面比较缓慢,有时跟不上时代前进的步伐。发展生产力的关键之一是增加职业岗位的科技含量,改善劳动组织和生产手段,提高劳动生产率。能熟练应用信息管理方法的智能型操作人员,是今后职业岗位更新、工作内容更新需要的新型人才。

(2)由单一型向跨专业、复合型转化。从目前招工、就业的情况来看,职业岗位的要求和劳动方式逐步由简单向复杂转化。过去单一技能就能胜任的工作,现在往往需要相关专业的许多知识技能,需要更多的跨专业的复合型人才。

(3)由封闭型向开放型转化。随着改革开放的深入,职业岗位的工作范围越来越大,面向的服务对象越来越广泛,接受信息的渠道也必然加大,人们相互之间的交往和协作大大加强,所以要求人们具有开放的观念和心胸,彻底摆脱封闭的状态。

(4)由继承型向创新型转化。知识经济时代的到来,要求社会成员必须不断树立创新意识,在自己的职业岗位上进行创造性劳动。社会发展变化迅速,完全以继承方式获得的劳动技能和方法大大落后。国家的知识创新工程,将科技成果迅速转化成生产力,劳动效率的迅速提高改变着现有职业岗位的特点。今后,只有创新型人才才能更好地承担岗位职责。

(5)第三产业、社会服务业发展壮大。社会生产力的提高,解放了劳动力,人们越来越多地需要社会服务行业为他们排忧解难,提供方便。第三产业的劳动人数将迅速增加。信息传播与管理行业的各种职业，文化教育事业，休闲、娱乐、保健等事业，提供各种各样的服务项目的社区服务业等，将迅速发展壮大，这不仅能产生大量职业，而且还是吸纳社会劳动力的主要渠道。

二、什么是生涯

在日常生活中，我们常听到"生涯"一词，如"艺术生涯""戎马生涯""学术生涯"等说法。中国古人的诗词中也有"生涯"这个词。如南宋诗人陆游在《秋思》中写道："身似庞翁不出家，一窗自了淡生涯。""淡生涯"的含义是指不趋慕功名利禄的生活。《辞海》对"生涯"一词的定义是"指所过的生活或所经历的人生"。

"生涯"是生活中各种事件的演进方向和历程，它统合了个人一生中各种职业的生活角色，由此表现出个人独特的自我发展形态。"生涯"也是人自青春期以至退休期间一连串有酬或无酬职业的综合以及与工作有关的各种角色。"生涯"的发展是以人为中心的，只有个人在寻求它的时候，它才存在。

知识拓展 ○

我的生命线

三、什么是职业生涯规划

通过对生涯概念的了解，我们知道，职业生涯规划不应该简单地等同于找工作。职业生涯是指一个人一生所有和工作职业相联系的行为与活动以及相关的态度、价值观、愿望等的连续性经历的过程。职业生涯规划包括个人的职业生涯规划和组织的职业生涯规划两个方面。我们主要讲个人的职业生涯规划，个人的职业生涯规划指在个人发展与组织发展相结合的基础上，个人在对职业生涯的主客观因素进行分析、总结和研究的基础上，结合时代特点，确定最佳的奋斗目标，并为实现这一目标而预先进行系统安排的活动或过程。

大学生职业生涯规划是指大学生在对过去的成长背景、目前的资源条件和将来的可能路径的主观自身和客观环境综合分析的基础上，合理拟定自己的职业生涯目标，为开发和获得与职业相关的要素而制定相应的教育、培训、工作计划，按照一定的时间安排，采取行动，以实现职业生涯目标的一个有机、逐步展开的过程。

第二节 职业生涯规划的理论

未来将属于两种人：思想的人和劳动的人。实际上这两种人是一种人，因为思想也是劳动。

——雨果

教学视频1-2

永远的坐票

一、职业选择理论

职业生涯发展贯穿于人的一生，在整个职业生涯发展过程中，既可能出现进入职业时的职业选择，在其他职业阶段也随时有可能发生职业转换，于是就有职业再选择行为的出现。所谓的职业选择是指依照职业期望和兴趣，凭借能力挑选职业，使能力与职业需求相匹配的过程。

（1）特质−因素论：帕森斯的特质−因素理论又称帕森斯的人职匹配理论，特质因素论是最早的职业辅导理论。1909年，美国波士顿大学教授弗兰克·帕森斯（Frank Parsons）在其《选择一个职业》的著作中提出了人与职业相匹配是职业选择的焦点的观点。他认为，个人都有自己独特的人格模式，每种人格模式的个人都有其相适应的职业类型。

（2）职业性向理论：约翰·霍兰德（John Holland）是美国约翰·霍普金斯大学心理学教授，美国著名的职业指导专家。他于1959年提出了具有广泛社会影响的职业兴趣理论。他认为，人的人格类型、兴趣与职业密切相关，兴趣是人们活动的巨大动力，凡是具有职业兴趣的职业，都可以提高人们的积极性，促使人们积极地、愉快地从事该职业，且职业兴趣与人格之间存在很高的相关性。Holland认为人格可分为现实型、研究型、艺术型、社会型、企业型和常规型六种类型。

二、职业锚理论

职业锚理论产生于在职业生涯规划领域具有"教父"级地位的美国麻省理工学院斯隆商学院，是由美国著名的职业指导专家埃德加·H. 施恩（Edgar H. Schein）教授领导的专门研究小组在该学院毕业生的职业生涯研究中演绎成的。斯隆管理学院的44名

MBA 毕业生,自愿形成一个小组接受施恩教授长达 12 年的职业生涯研究,该研究包括面谈、跟踪调查、公司调查、人才测评、问卷等多种方式,施恩教授研究小组最终据此分析总结出了职业锚(又称职业定位)理论。

所谓职业锚,又称职业系留点。锚,是使船只停泊定位用的铁制器具。职业锚,实际就是人们选择和发展自己的职业时所围绕的中心,是指当一个人不得不做出选择的时候,他无论如何都不会放弃的职业中的那种至关重要的东西或价值观。它是自我意向的一个习得部分。个人进入早期工作情境后,职业锚由习得的实际工作经验所决定,与在经验中自省的动机、价值观、才干相符合,是达到自我满足和补偿的一种稳定的职业定位。职业锚强调个人能力、动机和价值观三方面的相互作用与整合。职业锚是个人同工作环境互动作用的产物,在实际工作中是不断调整的。

三、职业生涯发展理论

职业发展阶段理论:到 20 世纪五六十年代,舒伯等人提出"生涯"的概念,于是生涯规划不再局限于职业指导的层面。舒伯的生涯发展理论将生涯的过程视为从出生到死亡,包括成长期(0~14 岁)、探索期(15~24 岁)、建立期(25~44 岁)、维持期(45~65 岁)和衰退期(65 岁以上)。大学生的生涯发展阶段属于探索期。这个阶段主要的生涯发展任务是从多种机会中探索自我,逐渐确定职业偏好,并在所选定的领域中开始起步。

从舒伯的生涯彩虹图(图 1-1)中,我们可以看到生涯规划立体化了。从长度上,它包括了一个人从生到死的全部生命历程;从空间上,它并不局限于对职业角色的关注,同样重视非职业角色对一个人生涯的影响。舒伯认为,持家者、公民、休闲者、学生、子女、配偶、退休者等的角色和工作者的角色都是一个人自我概念的具体表现。自我概念包括个人对自己在兴趣、能力、价值观以及人格特征等方面的认识,是个人生涯发展历程的核心。工作与生活满意的程度,有赖于个人能否在工作上、职场中以及生活形态上找到展现自我的机会。

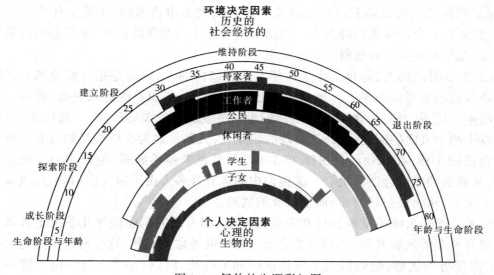

图 1-1　舒伯的生涯彩虹图

在舒伯的理论中,生涯规划更注重职业对人的意义。该理论认为,一个完美的人生,未必仅仅依赖于职业角色的完美与否,更多的非职业角色使人生有更多自我实现的可能性。比如一个学生的兴趣,如果不能从专业学习中得到百分之百的释放,那么就要认真规划一下自己的休闲角色,从而获得更多的自我实现。关于非职业角色对生涯发展的意义,中国台湾学者金树人先生的描述很生动、贴切,他说:"生涯辅导是将休闲视为生涯当中与教育、职业不可分割的部分:宛如一幅画中,留白的部分也同时构成全幅画的精髓;又似一盆插花,空间的部分也是花道的精华。"

虽然我国对职业生涯发展理论的研究相对起步较晚,但在近年却如雨后春笋,呈现出蓬勃发展的趋势。大批的学者对其进行了探讨和研究。他们研究认为正如人的成长可以被分为几个不同的时段一样,人的职业生涯也可以根据其不同的工作经历划分为几个不同的时段,每一个时段都会遇到不同的职业障碍和职业困惑,同时,也会呈现出不同的职业特点和职业心态。可以将职业人划分为四个不同的时段,它们依次是:0时段、2～3时段、5～8时段、10时段。

(1)0时段的人,是指刚刚走出校门踏上工作岗位或寻找工作岗位的人。由于缺乏社会工作经验,在工作技能方面只是完成理论上的积累,他们不但受到同时毕业的大学生的竞争压力,同时还面临其他有一点工作经验的人的冲击,所以,他们处于职业场的最底层,如果长期找不到合适的工作,他们就可能因为生计而去随意选择一份暂时的工作,从而以一个较为失败的开始进入职场竞争当中,这很不利于自己以后事业的发展。具体说来有如下几点:

①经验缺乏,社会压力和自身经济压力较大,其结果是找不到工作,一毕业就失业。

②一些毕业生也面临着选择在大企业做一般职员还是进入小公司做领导的困惑,结果是找不到真正适合自己发展的工作。

③在是否出国以及出国读什么学校和专业的问题上显得非常盲目。对于0时段的人来说,他们很可能以为,只要去国外取得一个洋学位就可以找到一份高薪而体面的工作,至少回国之后可以高就,所以,就会不顾一切地去申请出国,不管是什么专业什么学校,只要有一个offer他们都会去。其结果将可能走向留学的误区,不但会白白浪费几十万元,几年的宝贵青春也将一去不复返。

(2)2～3时段的人,是指工作了两年至六年以内的人,或者是指在职业场上开始慎重考虑自己的发展问题的人。他们至少已经知道了一些职业的游戏规则,懂得了一些社会的生存之道。所以,重新选择是他们走向事业成功的关键所在,一般说来,他们会遇到以下两个方面的问题:①2～3时段的职业人,大都是因为在毕业当初没有正确地选择好自己的工作,在职业场上拼搏2～3年以后就越来越不满意,他们的心态是急于想跳槽,从而找到自己合适的机会。②他们中间也有许多人由于对工作不满意,也就没有兴趣去做好,从而被公司解雇,面临失业的危险。

2～3时段的人面临重新选择和失业的问题,因为新的职业选择几乎决定着职业人自己终身事业的发展方向,必须给予全面而谨慎的考虑。当然,这一时段的人也具有年龄、工作经历等优势,他们做出怎样的选择都来得及,所以,必须在这个阶段解决自己的发展方向的问题。

如果发现自己的确不适合现在的工作,就要勇于从职业的困境中走出来,大胆跳槽,重新选择自己的所爱。

(3)5~8时段的职业人,是指工作在六年以上十年以内的职业人。他们主要面临两个方面的压力:一是由于公司裁员、转制、资产重组等非主观的原因被裁员,从而面临失业的危险,也有的是因为自身的知识更新没有跟上时代的发展而被裁掉,落入失业的泥潭。二是由于在原公司工作不顺心,或因上司为难,或因在本公司的事业发展到了某一个不可逾越的瓶颈而急于跳槽。

要解决这两个方面的问题:一是在自己的工作中保持一定的知识更新,不断地进行自我充电,不至于到了非主观性失业的时候措手不及,找不到出路和方向。也就是说,不应该把自己的职业局限于一个太过狭窄的空间里,要做好"第二战场"的开辟;二是如果发现自己在原公司的事业发展遇到不可改变的障碍就必须当机立断,勇于跳槽,重新选择自己的事业平台,不可优柔寡断错失良机。毕竟,这一阶段的职业人的社会阅历和工作技能是其他职业人不可比拟的。

5~8时段的职业人虽然也面临跳槽与失业两种威胁,但是,其原因不同于2~3时段的职业人。在这一阶段,职业人必须要将自己事业的更高层次发展作为自己首要考虑的对象,在实际工作中还要做到"一颗红心,两手准备",对自己进行及时的充电,不断更新知识结构,适应社会发展的需要。同时,这一时段的职业人也是十分适合创业,要勇于探索,自己做自己的老板。

(4)10时段的职业人,是指工作在十年以上的职业人。一般来说,他们已经是整个社会的领导者,占据着重要的领导岗位,事业有成,金钱对他们来说已经不是考虑的首要问题,他们更加关注的是他们的自我价值能否实现的问题,也就是自己能否从自己的工作中找到一种成就感,或者说他们会将自己的职业发展方向与自己的某种理想更为现实而迫切地联系起来,如果不满意他们就会很茫然,甚至很痛苦。当然,这个时段的职业人,还面临另外一个重要的问题,那就是怎样维护自己现有的地位的问题,毕竟"长江后浪推前浪",后来者的威胁不可小觑。如果维护不好现有的成果,将可能有失业的危险。所以,这个时段的职业人一般会遇到以下两方面的问题:

①事业有成,但与自己的人生理想相差甚远,从现有的工作中找不到成就感,急于跳槽,重新实现自己的人生价值。

②年龄的劣势凸显,思想可能开始趋于保守,受到职场上新生力量的挑战,可能有失业的危险。针对这个时段职业人的特点和所面临的问题,有如下建议:为人生价值而大胆放弃现有的职业,重新追求能够为自己带来成就感的职业,毕竟,人生本来就只有一次,谁都想为这个世界留下一点自己认为有价值的东西;及时充电,无论是在思想上还是在知识方面都要跟上时代的步伐。毕竟,这一时段的职业人失业将会给自己的事业和家庭带来不可估量的损失。

无论是国外学者关于职业生涯的理论,还是我国学者的职业生涯理论研究,都集中提出了一个重要的课题,那就是成功的人生是需要设计规划的,个人的职业生涯尤其需要设计规划,而且是愈早愈好。

第三节　职业生涯规划的步骤与方法

　　成功的人和不成功的人就差一点点:成功的人可以无数次修改方法,但绝不轻易放弃目标;不成功的人总改目标,就是不改方法。

——网络

案例导入

教学视频1-3

四只毛毛虫的故事

　　在现代社会,规划决定命运。有什么样的规划就有什么样的人生。我们的时间非常有限,越早规划你的人生,你就能越早成功。要想得到自己喜欢的苹果,想改变自己的人生,就要先从改变自己开始,做好自己的职业生涯规划,做"第四只毛毛虫"。

　　生涯规划并不难,它和制定一份旅游计划有很多相似之处。如目标的制定、实现的过程,都和一个人的兴趣爱好和自身条件等相关,对目标和过程的选择没有绝对的好坏之分。俗话说,"条条大路通罗马"。不同的路有不同的风景,所以在旅游行程的选择上,没有哪条路是绝对好的,只有对某人某时比较合适的路。对个人的生涯发展来说,也是如此。对目的地信息的了解,可以让行程更有把握。无论对信息有多么细致的了解,也要有对风险和意外的心理准备。你能否如愿以偿地实现目标,这在很大程度上取决于你是计划的推动者还是依赖别人或环境,后者常让人陷入抱怨而无所作为。

　　具体而言,一个系统的生涯规划应当包括觉知与承诺、认识自己、认识工作世界、决策、行动和再评估/成长6个步骤,如图1-2所示。

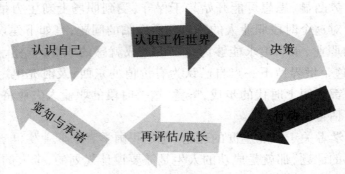

图1-2　生涯规划步骤图

1. 觉知与承诺

在这个阶段，学生了解到生涯规划的重要性和作用，并愿意花时间来规划自己的生涯。但要注意，生涯规划是一个过程，是一种面对生涯发展的态度，它未必能立竿见影，马上为自己带来理想的工作。就好像我们所播下的种子，未必能马上发芽一样。所以，对生涯规划要有合理的预期。

2. 认识自己

系统化的生涯规划是一个"从内而外"的过程。因此，在生涯规划时，首先要认识自己，诚实地自问：

- 我有哪些人格特质？
- 我的兴趣是什么？
- 哪些东西是我生命中不能缺少的？我最看重什么？
- 我有哪些技能是与众不同、赖以为生的？
- 其他：健康、性别、民族等。

3. 认识工作世界

工作世界信息和自我信息是生涯规划中重要和基础的部分。对工作世界的了解具体包括：

- 专业与职业的关系。
- 工作世界的宏观发展趋势。
- 具体职业对工作人员的要求、条件和待遇等。
- 继续教育方面的选择。

4. 决策

决策是综合整理和评估信息的部分，在决策时有可能因信息不全而重新回到前面两个步骤，具体内容包括：

- 综合与评估信息。
- 目标设立与计划。
- 处理决策过程中的各种问题，如生涯信念、障碍等。

5. 行动

行动是将全部的探索和思考落实的阶段。学生要通过行动来实现自己设立的工作目标。通常包括：

- 具体的求职过程。
- 制作简历。
- 面试。

也有可能在与现实的接触过程中，你对自己有新的发现，由此对生涯发展有新的思考。

所以，虽然我们为了方便学习，将生涯规划人为地割裂成不同的步骤，但无论在哪个步骤，自我与外部信息的探索都不会停止，不要忽略这些部分带给你的新启示。

6. 再评估/成长

当你在实践中迈出生涯的重要一步——进入工作世界时,随着外部环境的变化,他们或许会继续沿着过去的规划前进,也有可能发现过去规划已不适合自己,或者发现过去的规划并不尽如人意。这就需要再次进行生涯探索,修正生涯规划。所以,生涯规划是一个循环的过程,需要一辈子来探索。本部分的具体内容包括:

- 走进职场。
- 管理生涯规划——生涯规划档案。

第四节　职业生涯规划的重要意义

凡事豫则立,不豫则废。言前定则不跲(jiá),事前定则不困,行前定则不疚,道前定则不穷。

——《礼记·中庸》

案例导入

教学视频 1-4

诸葛亮的"职业规划"

生涯规划是一个过程,规划的功能在于为生涯设定目标,并找出达成目标所需采取的步骤。目标可以为人生带来希望和意义,奥地利心理学家维克多·弗兰克(Viktor Frankl)凭借生命的意义成为奥斯维辛集中营中少有的幸存者之一,并开创了心理治疗中的"意义疗法"。他说:"你不要去问生命,你应该要回答生命对你的质询。"在生涯规划中,目标的制订是一个探索的过程,这个过程帮助一个人逐渐去理清生命的价值与意义,并用行动去实现它。生涯规划就好像为飘忽不定的人生加了一个锚,无论风雨来自何方,人生之船都自有它的方向。

米歇尔·罗兹(Michelle Rhodes,1998)指出,生涯规划有突破障碍、开发潜能和自我实现三个积极目的。一个人最大的幸福,是能以自己选择的方式生活。择其所爱,爱其所择的结果,会使一个人以己为荣,并呈现出圆融、丰足、喜悦、智慧和充满创造力的气质。

在生涯发展过程中,很多学生对追求理想的工作或人生目标充满疑虑;还有的学生甚至不敢去想象或者设立理想目标,因为觉得那是不可能实现的。阻碍学生插上理想的翅膀、迈出勇敢脚步的原因通常来自图 1-3 中所示的两种原因:内在障碍和外在障碍。

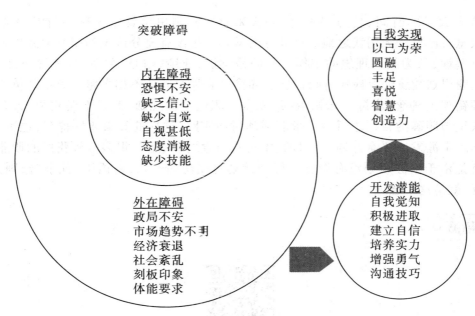

图1-3　生涯规划的3个积极目的

内在障碍通常是由一个人对自己的不了解、低评价、不自信或者无安全感造成的。例如,有的学生很难看到自己的长处,总用自己的短处和别人的优势相比,内心从未觉得自己有可用或特别之处。所以,在找工作时,缺乏信心,总感觉自己这也不好,那也学得不够,还没做好踏入社会的准备,从而影响自己找好工作的信心,影响自己在面试等环节中的表现。这是典型的不能够真正了解和接纳自己,从而导致的自我低评价对找工作的影响的情况。

外在障碍则来自一个人所处的环境,通常与政局变动、市场的难以预测、经济衰退和社会秩序混乱等相关。一个没有生涯目标的人,很容易受外界因素的影响。例如,两个大学生,有着同样普通的家庭背景,毕业时找到的工作也都不理想。客观上大学扩招之后的就业竞争加剧的确多少影响了他们找工作,但对有自己生涯目标的学生而言,因为对未来充满希望,所以更容易积极面对并不理想的工作,努力从工作中获得和培养自己实现目标所需的能力,把这当作迈向理想目标的第一步。而另一个没有任何生涯目标的学生,可能更容易抱怨社会、哀叹自己生不逢时,没有早几年出生,没赶上"大学毕业生是天之骄子"的年代……因为看不到希望,他很难从内在方面积极应对困境,将找不到好工作进行外归因,更觉得自身没有能力。所以,两位大学生在毕业时的人生的起跑线是相同的,却可能因为有无生涯目标导致人生希望的不同:一个充满力量,能克服困难、积极进取;另一个感觉被环境所左右、怨天尤人、随波逐流。尼采说:"懂得为何而活的人,几乎任何痛苦都可以忍受。"生涯规划可以帮助人们设立目标、带来希望,从而突破发展中的内外障碍,最终实现幸福人生。

做好职业生涯规划对大学生来说,有着不同的意义,做好职业生涯规划这样才能做到心中有数,不打无准备之仗。而不少应届大学毕业生不是首先坐下来做好自己的职业生涯规划,而是拿着简历与求职书到处乱跑,总想会撞到好运气、找到好工作。结果是浪费了大量的时间、精力与资金,到头来感叹招聘单位是眼无珠,不能"慧眼识英雄",叹息自己英雄无用武之地。这部分大学毕业生没有充分认识到职业生涯规划的意义与重要性,认为找到理想的工作需要的是学识、业绩、耐心、关系、口才等条件,认为职业生涯规划纯属纸上谈兵,简直是耽误时间,有那时间还不如多跑两家招聘单位。这是一种错误的理念,实际上未雨绸缪,先做好职业生涯规划,磨刀不误砍柴工,有了清晰的认识与明确的目标之后再把求职活动付诸实践,这样的效果要好得多,也更经济、更科学。生涯发展要有计划、有目的,不可盲目地"撞大运",很多时候我们的职业生涯受挫就是由于生涯规划没有做好。好的计划是成功的开始,古语讲,凡事"豫则立,不豫则废"就是这个道理。

知识拓展 ○

周杰伦:创业路上没有偶然

课后练习 ○

(1)我是一个刚上大一的学生,虽然觉得生涯规划是有用的和应该学习的,但毕竟我离找工作还很远,现在学习是否有点早了?

(2)我是一个大三的学生,正忙于找工作,现在再探索什么工作适合自己是否太晚了? 我真正关心的是如何才能找到一份好工作!

小·组·讨·论

(1)生涯规划是要有计划地安排自己的发展,但是人生可能照计划按部就班吗?

(2)讨论现就学阶段职业生涯规划的内涵与意义。

第二章　由内而外的探索

本章要点 ○

（1）掌握内、外部探索的基本含义及其相关知识，充分认识自己和周围的职业环境。

（2）理解内、外部探索等各方面因素与职业之间的关系，对自己进行正确的认知和评价，思考与自己相吻合的职业类型。

PPT

第一节　分析自己的性格

一个人的性格决定着他的命运。

——绪儒斯

案例导入 ○

教学视频2-1

张飞绣花

一、性格

1. 性格的定义

性格是在人的生理因素、自然环境、地理环境、社会环境和主观因素的相互影响、相互作用下，逐步形成的个人所特有的心理风格和行为习惯。它是十分复杂的心理现象，是一个人个性的重要方面。

2. 性格的特征

性格的特征可以分解为态度特征、意志特征、情绪特征和理智特征四个组成部分。

性格的态度特征是指一个人如何处理社会各方面的关系的性格特征,即他对社会、集体、工作、劳动、他人及自己的态度的特征,如忠于祖国、热爱集体、认真负责、一丝不苟、谦虚谨慎、乐于助人、善待自己等。

性格的意志特征是一个人对自己的行为自觉地进行调节的特征,如有远大理想、行动有计划、有团队精神、果断、有耐心、有毅力等。

性格的情绪特征是一个人的情绪对他的活动的影响,以及他对自己情绪的控制能力。

性格的理智特征是指一个人在认知活动中所表现出来的特征,如独立或依赖、现实感强或爱幻想、深思熟虑或人云亦云、思维精确或思维模糊等。

3. 气质、性格与职业的关系

气质是职业适应性最主要的影响因素。不同职业对人的气质特点也有要求,气质对人们所从事的职业并不具有决定性作用,而是辅助性的,其作用主要表现在对工作效率的影响上。气质与职业匹配程度高就能起到促进作用,反之,可能会起消极作用。

性格对于职业选择有直接影响。不同性格的人适合不同职业,不同职业需要不同性格的人来从事。

二、关于MBTI性格测评

1. MBTI性格测评理论

迈尔斯-布里格斯性格分类指标(Myers-Briggs Type Indicator,MBTI)是著名心理学家卡尔·荣格先生关于心理类型的划分,后经一对母女(Katharine Cook Briggs 与 Isabel Briggs Myers)研究并加以发展。

这种理论可以帮助解释为什么不同的人对不同的事物感兴趣并擅长不同的工作。这个工具已经在世界上运用了将近30年的时间,老师和学生利用它提高学习、授课效率,青年人利用它选择职业,组织利用它改善人际关系、团队沟通、组织建设、组织诊断等。

MBTI性格评估分类系统的依据是个人个性的四个基本特征,我们称之为维度。四个维度如同四把标尺,每个人的性格都会落在标尺的某个点上,这个点靠近哪个端点,就意味着个体有哪方面的"偏好"。所谓"偏好",是一种天生的趋向性,是一种特定的行为和思考方式。这些"偏好"并无优劣之分,却形成了人与人之间的不同。每个维度又分为两个方面,即:

外倾(E)——内倾(I)

感觉(S)——直觉(N)

思考(T)——情感(F)

判断(J)——知觉(P)

下面对四个维度进行解释,读者在阅读时不妨进行自评,看看你在每个维度中属于哪个"偏好"。

（1）EI 外倾-内倾（图 2-1）。

外倾	内倾
从人际交往中获得能量	从时间中获得能量
喜欢外出	喜静,多思,冥想(离群,与外界相互误解)
表情丰富,外露	谨慎,不露表情
喜欢交互作用,合群	社会行为的反射性(会失去机会)
喜行动,多样性(不能长期坚持)	独立、负责、细致、周到、不蛮干
不怕打扰,喜自由沟通	不怕长时间做事,勤奋,怕打扰
讲,然后想;易冲动,易后悔,易受他人影响	先想然后讲

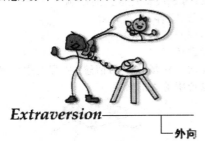 

图 2-1　外倾-内倾

举例说明:

①在与人交流中,外倾者往往主动与人沟通,表现得热情、开朗;内倾者则被动等待,有时甚至会回避人际沟通。

②在面对问题需要解决的时候,外倾者会说:"我们讨论下吧。"内倾者会说:"让我想想。"

想想自己是内倾还是外倾呢? 确定你的第一个维度。

（2）SN 感觉-直觉（图 2-2）。

感觉	直觉
通过五官感受世界,注重真实的存在、实际	通过第六感洞察世界,注重应该如何,比较笼统
用已经有的技能解决问题	喜学新技能
喜具体明确	不重准确,喜抽象和理论
重细节(少全面性)	重可能性,讨厌细节
脚踏实地	好高骛远,喜欢新问题
做事有可能的结果,能忍耐,小心	凭爱好做事,对事情的态度易变
可做重复工作(不喜新),不喜展望	提新见解,仓促下结论

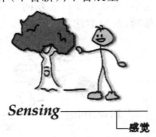 

图 2-2　感觉-直觉

举例说明：

①面对一只小白兔，感觉型的人会说："这只兔子通体雪白，它的眼睛是红色的，耳朵直竖着，皮毛摸起来光滑细腻。"直觉型的人会说："它灵动、耀眼，就像一只精灵。"

②感觉型的人常说："说说事情的细节。"直觉型的人经常说："谈谈你的感受。"

你是感觉型还是直觉型？确定你的第二个维度。

（3）TF 思考-情感（图 2-3）。

思考	情感
分析，用逻辑客观方式决策；坚信自己的观点正确，不考虑他人意见 清晰，正义，不喜欢调和主义 批判和鉴别力 规则 工作中少表现出情感，也不喜欢他人感情用事	主观和综合，用个人化的、价值导向的方式决策；考虑决策对他人的影响 和谐，宽容，喜欢调解 不按照逻辑思考 考虑环境 喜欢工作场景中的情感，从赞美中得到享受，也希望他人的赞美

Thinking ——思考

Feeling ——情感

图 2-3　思考-情感

举例说明：

①在分析问题时，思考型的人会问："这合乎逻辑吗？这样公平吗？"情感型的人会问："会有人因此受到伤害吗？这是否不近人情？"

②某学生在课堂讲话被教师批评，思维型的人会说："如果你上课不讲话，老师也不会批评你呀。"情感型的人会说："当着这么多人批评你，有点不近人情。"

你是思考型还是情感型？确定你的第三个维度。

（4）JP 判断-知觉（图 2-4）。

判断	知觉
封闭定向 结构化和组织化 时间导向 决断，事情都有正误之分 喜命令、控制，反应迅速，喜欢完成任务 不善适应	开放定向 弹性化和自发化 探索和开放结局 好奇，喜欢收集新信息而不是做结论 喜欢观望；喜欢开始许多新的项目，但不完成 优柔寡断，易分散注意

Judging ——判断

Perceiving ——知觉

图 2-4　判断-知觉

举例说明：

①在做具体事情时，判断型的人会说："我们计划一下吧。"知觉型的人会说："等等看，到时候再说吧。"

②面对具体工作，判断型的人通常会按时完成工作任务；知觉型的人往往会拖拉工作，需要督促才能完成。

你是判断型还是知觉型？确定你的第四个维度。

四个维度在每个人身上会有不同的比重，不同的比重会导致不同的表现，关键在于各个维度上的人均指数和相对指数的大小。

在MBTI测评结果中，每个维度上一个人只能是一种偏好，如一个人是内倾就不可能是外倾，是感觉型就不可能是直觉型。但是，这个并不能说明一个人是内倾就不能有一点外倾的特征，就像之前讲过的一样，我们把一个维度看成一个标尺，每个人的性格就落在这个标尺上，这个"偏好"是一个相对的量。比如一个外倾的人，他既有外倾的表现，又有内倾的表现，只是在绝大多数情况下其自然反应是外倾，但是在特别的情景下，可能就表现为内倾。所以，不要绝对地看待测评的结果。了解MBTI类型的目的是区分每个人的不同，所有的类型没有好坏之分。

2. 16种MBTI类型与职业匹配

（1）人的性格非常复杂，每个维度都会彼此影响。因此，将四个维度结合起来，两两组合，一共组成16种性格类型，以各个维度的字母表示类型，具体如下：

ESFP　ISFP　ENFJ　ENFP

ESTP　ISTP　INFJ　INFP

ESFJ　ISFJ　ENTP　INTP

ESTJ　ISTJ　ENTJ　INTJ

（2）MBTI 16种性格类型及特征见表2-1。

表2-1　MBTI16种性格类型及特征

ISTJ	ISFJ	INFJ	INTJ
沉静，认真；贯彻始终，得人信赖而成功。讲求实际，注重事实，能够合情合理地去决定应做的事情，而且坚定不移地把它们完成，不会因外界事物而分散精神。以做事有次序、有条理为乐——不论在工作上、家庭上或者生活上。重视传统和忠诚	沉静，友善，有责任感和谨慎。能坚定不移地承担责任。做事贯彻始终、不辞辛劳和准确无误。忠诚·替人着想，细心；往往记着他所重视的人的种种微小事情，关心别人的感受。努力创造一个有秩序、和谐的工作和家居环境	探索意念、人际关系和物质拥有欲的意义和它们之间的关系。希望了解什么可以激发人们的推动力，对别人有洞察力。尽责，能够履行他们坚持的价值观念。有一个清晰的理念以谋取大众的最佳利益。能够有条理地、果断地去实践他们的理念	有具创意的头脑，有很大的冲劲去实践他们的理念和达到目标。能够很快地掌握事情发展的规律，从而想出长远的发展方向。一旦作出承诺，便会有条理地展开工作，直到完成为止。有怀疑精神；独立自主；无论为自己或为他人，都有高水准的工作表现

（续表）

ISTP	ISFP	INPF	INTP
容忍、有弹性，是冷静的观察者，但当有问题出现，便迅速行动，找出可行的解决方法。能够分析哪些东西可以使事情进行顺利，有能够从大量资料中找出实际问题的重心的能力。很重视事件的前因后果，能够以理性的原则把事实组织起来，重视效率	沉静，友善，敏感和仁慈。欣赏目前和他周遭所发生的事情。喜欢有自己的空间，做事能把握自己的时间。忠于自己所重视的人。不喜欢争论和冲突，不会强迫别人接受自己的意见或价值观	理想主义者，忠于自己的价值观及自己所重视的人。外在的生活与内在的价值观配合。有好奇心，很快看到事情的可能与否，能够加速对理念的实践。试图了解别人、协助别人发展潜能。适应力强，有弹性；如果和他们的价值观没有抵触，往往能包容他人	读任何感兴趣的事物，都要探索一个合理的解释。喜欢理论和抽象的事情，喜欢理念思维多于社交活动。沉静，满足，有弹性，适应力强。在他们感兴趣的范畴内，有非凡的能力去专注而深入地解决问题。有怀疑精神，有时喜欢批评，常常善于分析

ESTP	ESFP	ENFP	ENTP
有弹性，容忍；讲求实际，专注及时的效益。对理论和概念上的解释感到不耐烦，希望以积极的行动去解决问题。专注于"此时此地"，喜欢主动与别人交往。喜欢物质享受的生活方式。能够通过时间达到最佳的学习效果	外向，友善，包容。热爱生命，热爱人，爱物质享受。喜欢与别人共事。在工作上，能用常识、实际现实的情况，使工作富趣味性、灵活性、即兴性，易接受新朋友和适应新环境。与别人一起学习新技能可以达到最佳的学习效果	热情而热心，富有想象力。认为生活是充满很多可能性的。能够很快地找出时间和资料之间的关联性，而且有信心地依照他们所看到的模式去做。很需要别人的肯定，乐于欣赏和支持别人。即兴而富于弹性，时常信赖自己的临场表现和流畅的语言能力	思维敏捷，机灵，能激励他人，警觉性高，勇于发言。能随机应变地去应付新的和富有挑战性的问题。善于引出在概念上可能发生的问题，然后很有策略地加以分析。善于洞察别人。对日常例行事务感到厌倦。甚少以相同方法处理同一事情，能够灵活地处理接二连三的新事物

ESTJ	ESFJ	ENFJ	ENTJ
讲求实际，注重现实，注重事实。果断，很快作出实际可行的决定。能够安排计划和组织人员以完成工作，尽可能以最有效率的方法达到目的。能够注意日常例行工作的细节。有一条清晰的逻辑标准，会有系统地跟着去做，也想别人跟着去做。会以强硬态度去执行计划	有爱心，尽责，合作。渴望有和谐的环境，而且有决心营造这样的环境。喜欢与别人共事以能准确地、准时地完成工作。忠诚，即使在细微的事情上也能如此。能够注意别人在日常生活中的需要而努力供应他们。渴望别人赞赏他们和欣赏他们所做的贡献	温情，有同情心，反应敏捷，有责任感。高度关注别人的情绪、需要和动机。能够看到每个人的潜质，要帮助别人发挥自己的潜能。能够积极地协助他人和组织的成长。忠诚，对赞美和批评都能作出很快的回应。社交活跃，在一组人当中能够惠及别人	坦率，果断，乐于作为领导者。很容易看到不合逻辑和缺乏效率的程序和政策，从而开展和实施一个能够顾及全面的制度去解决一些组织上的问题。喜欢有长远的计划，喜欢有一套制定的目标。往往是博学多闻的，喜欢追求知识，又能把知识传给别人。能够有力地提出自己的主张

提示：16种MBTI类型在人口中的分布并不是均匀的。

（3）MBTI与职业匹配（表2-2）。MBTI16种性格类型的职业匹配只是代表这种性格类型适合的若干职业，而非全部职业，切不可认为自己只能选择这些职业。

认识自己的性格类型，可以让我们更好地了解自己，了解自己的行为特点，从而根据自己的特点学习、工作和解决问题，且这并不意味着它可以成为约束你不做某事或不选择某种事业的借口。工作中没有完全适合某种性格的职业，也没有完全不适合某种性格的职业，我们需要在目前的职业上不断完善自己的性格，与所从事的职业达到一种不断发展的良性循环状态。

表2-2　MBTI与职业匹配

ISTJ	ISFJ	INFJ	INTJ
管理者 行政管理 执法者 会计	教育 健康护理(包括生理、心理) 宗教服务	宗教 咨询服务(包括个人、社会、心理等) 教学/教导 艺术	科学或技术领域 计算机 法律
或者其他能够让他们可以利用自己的经验和对细节的注意完成任务的职业	或者其他能够让他们运用自己的经验帮助别人的职业，这种帮助是协助或辅助性的	或者其他能够促进他们情感、智力或精神发展的职业	或者其他能够让他们运用智力和技术知识去构思、分析和完成任务的职业
ISTP	ISFP	INFP	INTP
熟练工种 技术领域 农业 执法者 军人	健康护理(包括生理、心理) 商业 执法者	咨询服务(包括个人、社会、心理等) 写作 艺术	科学或技术领域
或者其他能够让他们动手操作、分析数据或事情的职业	或者其他能够让他们运用友善、专注于细节的相关服务的职业	或者其他能够让他们运用创造和集中于他们的价值观的职业	或者其他能够让他们基于自己的专业技术和知识独立、客观分析问题的职业
ESTP	ESFP	ENFP	ENTP
市场 熟练工种 商业 执法者 应用技术	健康护理(包括生理、心理) 教学/教导 教练 儿童保育 熟练工种	咨询服务(包括个人、社会、心理等) 教学/教导 宗教 艺术	科学 管理者 技术 艺术
或者其他能够让他们利用行动关注必要细节的职业	或者其他能够让他们利用外向的天性和热情去帮助那些有实际需要的人们的职业	或者其他能够让他们利用创造和交流去帮助促进他人成长的职业	或者其他能够让他们有机会不断承担新挑战的工作

（续表）

ESTJ 管理者 行政管理 执法者	ESFJ 教育	ENFJ 宗教	ENTJ 管理者
	健康护理（包括生理、心理）	艺术	领导者
	宗教	教学/教导	
或者其他能够让他们运用对事实的逻辑和组织完成任务的职业	或者其他能够让他么运用个人关怀为他人提供服务的职业	或者其他能够让他们帮助别人在情感、智力和精神上成长的职业	或者其他能够让他们运用实际分析、战略计划和组织完成任务的职业

知识拓展 ○

性格投射实验

第二节　发现自己的兴趣

兴趣比天才重要。

——丁肇中

案例导入 ○

教学视频 2-2

李开复的故事

一、兴趣

1. 兴趣的定义

兴趣是指一个人力求认识、掌握某种事物并经常参与该种活动的心理倾向。一个人对某个事物或者现象感兴趣，就会对该事物或者现象表现出肯定的态度，并积极思考、探索和追求。兴趣的产生受各方面因素影响，不仅受事物的吸引力影响，还与个人的阅历、教育水平有关。

2. 职业兴趣

职业兴趣即对某类职业或工作的积极态度。它是个人成功的推动力。兴趣与工作满意度、职业稳定性和职业成就感之间都存在着明显的关系。

从职业兴趣的发生和发展来看，一般要经历这样一个过程：有趣—乐趣—志趣。

有趣是发展过程的第一个阶段，也是兴趣发展的低级阶段。这种兴趣是短暂的，往往转瞬即逝，非常不稳定。例如，有的人今天想学画画，明天想学跳舞，后天又想学游泳，等等。这一阶段的兴趣总是与人们对事物的新奇感相联系，兴趣会随着新奇感的逐渐消失而自然地逝去。

乐趣是发展过程的第二个阶段。它是在有趣的基础上定向发展形成的，是兴趣发展的中级阶段。在这一阶段，人们对某一事物的兴趣会逐渐变得专一、稳定和深入。例如，喜欢文学的人会长期沉醉于读书的乐趣中；喜欢计算机维修的人，不仅会积极学习相关的计算机理论知识，还会亲自进行装配和修理，并经常与其他计算机爱好者进行交流。乐趣对工作而言就是享受工作的快乐，德国作家歌德说："如果工作是一种乐趣，人生就是天堂。"

志趣是发展过程的第三个阶段。当一个人的乐趣与他的社会责任感、理想、奋斗目标结合起来时，乐趣便转变成为志趣。志趣是兴趣发展的高级阶段，是人的心意所向，具有方向性和意志性的特点，使人坚定地追求某种职业，并为之奋斗一生。它是人们最终获得成功、取得成就的重要保证。

职业兴趣是事业成功的重要因素。

3. 兴趣的心理品质

人的兴趣各有特点，差异明显，所以才会出现有的人喜欢这，有的人喜欢那，这些差异可以归结到兴趣的心理品质。

（1）兴趣的稳定性。兴趣的稳定性是指兴趣持续时间的长短，也称为兴趣的持久性。稳定而持久的兴趣才能推动人深入钻研问题，获得系统而深刻的知识。朝三暮四、见异思迁的人必定是缺乏稳定而持久兴趣的人，也是没有恒心的人，这种人不论在任何实践领域中都不可能取得最卓越的成果。兴趣的稳定性和人的理想、信念、价值观直接相联系。

（2）兴趣的广度。兴趣的广度是指兴趣范围的广阔程度。兴趣广度存在着个别差异。兴趣狭窄的人，生活单调，容易把自己限于狭小圈子之内。兴趣广泛的人则会经常注意多方面的新问题，获得广博的新知识，从而促使其个性的全面发展。广泛兴趣并不排除中心兴趣的存在。在广泛兴趣的背景上，围绕中心兴趣并与其结合起来，才是优秀的兴趣品质。

（3）兴趣的效能。兴趣的效能是指兴趣对活动的推动所产生的效果。依据兴趣有无效能分为积极兴趣和消极兴趣。消极兴趣是被动的兴趣，使人处于静观状态，不能成为实际活动的动力，因而也不能产生实际效果，是一种不良的兴趣品质。积极兴趣是有效能的兴趣,它不停留在静观阶段,为获得兴趣的对象而积极活动,成为掌握知识、发展个性的优良的兴趣品质。

(4)兴趣的中心。兴趣中心是指一个人在诸多兴趣中有一个中心的、主要的兴趣,形成一种核心,其他兴趣则围绕着它,并与其结合,共同支配着人的行动。这种兴趣品质对从事某种专业活动、培养专门人才具有重要意义。如果有多方面的求知欲,但知识肤浅,则很难取得重大成就;如果某种兴趣深刻,但缺乏多方面的兴趣,也很难得到全面发展。广泛兴趣只有和某种中心兴趣结合起来,才是一种良好的品质。

二、霍兰德职业兴趣理论

1. 霍兰德职业兴趣

美国约翰·霍普金斯大学心理学教授约翰·霍兰德长期从事职业咨询工作,于1959年提出了"人职互择理论"。该理论认为:职业选择是人格的一种表现,某一类型的职业通常会吸引具有相同特质的人,这种人格特质反映在职业上,就是职业兴趣。

霍兰德认为职业兴趣可以分为六种类型:现实型(realistic type,简称R)、研究型(investigative type,简称I)、艺术型(artistic type,简称A)、社会型(social type,简称S)、企业型(enterprising type,简称E)和事务型(conventional type,简称C),如图2-5所示。

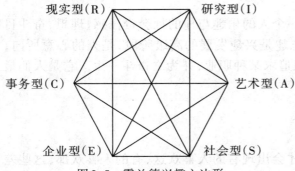

图2-5　霍兰德兴趣六边形

霍兰德划分的这六大类型,并不是并列的,也没有明晰的边界。他以六边形标示出六大类型的关系:①相邻关系(两种类型共同点较多)。例如,事务型(C)和现实型(R)的人做事都比较细致,能够按部就班地工作。②相对关系。处于对角线上的两种类型在某些方面存在着相反性,例如艺术型(A)与事务型(C)的人在是否遵从规范方面是相反的。艺术型(A)的人大脑中通常没有条条框框,具有创新和创造能力,而事务型(C)的人通常看重各种规范,做事循规蹈矩。

个人兴趣类型和职业环境之间相匹配将增加个人的工作满意度、职业稳定性和职业成就感。

2. 霍兰德职业兴趣类型

(1)社会型(S)。

共同特征:喜欢与人交往、不断结交新的朋友,善言谈,愿意教导别人。关心社会问题,渴望发挥自己的社会作用。寻求广泛的人际关系,比较看重社会义务和社会道德。

典型职业:喜欢要求与人打交道的工作,能够不断结交新的朋友,从事提供信息、启迪、帮助、培训、开发或治疗等事务,并具备相应能力,如教育工作者(教师、教育行政人员)、社会工作者(咨询人员、公关人员)等。

（2）企业型（E）。

共同特征：追求权力、权威和物质财富，具有领导才能。喜欢竞争，敢冒风险，有野心、抱负。为人务实，习惯以利益得失、权利、地位、金钱等来衡量做事的价值，做事有较强的目的性。

典型职业：喜欢要求具备经营、管理、劝服、监督和领导才能，以实现机构、政治、社会及经济目标的工作，并具备相应的能力，如项目经理、销售人员、营销管理人员、政府官员、企业领导、法官、律师等。

（3）事务型（C）。

共同特点：尊重权威和规章制度，喜欢按计划办事，细心、有条理，习惯接受他人的指挥和领导，自己不谋求领导职务。喜欢关注实际和细节情况，通常较为谨慎和保守，缺乏创造性，不喜欢冒险和竞争，富有自我牺牲精神。

典型职业：喜欢要求注意细节、精确度、有系统有条理，具有记录、归档、据特定要求或程序组织数据和文字信息的职业，并具备相应能力，如秘书、办公室人员、记事员、会计、行政助理、图书馆管理员、出纳员、打字员、投资分析员等。

（4）现实型（R）。

共同特点：愿意使用工具从事操作性工作，动手能力强，做事手脚灵活，动作协调。偏好于具体任务，不善言辞，做事保守，较为谦虚。缺乏社交能力，通常喜欢独立做事。

典型职业：喜欢使用工具、机器，需要基本操作技能的工作。对要求具备机械方面才能、体力或从事与物件、机器、工具、运动器材、植物、动物相关的职业有兴趣，并具备相应能力，如技术性职业（计算机硬件人员、摄影师、制图员、机械装配工）、技能性职业（木匠、厨师、技工、修理工、农民）等。

（5）研究型（I）。

共同特点：思想家而非实干家，抽象思维能力强，求知欲强，肯动脑，善思考，不愿动手。喜欢独立的和富有创造性的工作。知识渊博，有学识才能，不善于领导他人。考虑问题理性，做事喜欢精确，喜欢逻辑分析和推理，不断探讨未知的领域。

典型职业：喜欢智力的、抽象的、分析的、独立的定向任务，要求具备智力或分析才能，并将其用于观察、估测、衡量、形成理论、最终解决问题的工作，并具备相应的能力，如科学研究人员、教师、工程师、电脑编程人员、医生、系统分析员等。

（6）艺术型（A）。

共同特点：有创造力，乐于创造新颖、与众不同的成果，渴望表现自己的个性，实现自身的价值。做事理想化，追求完美，不重实际。具有一定的艺术才能和个性。善于表达，怀旧，心态较为复杂。

典型职业：喜欢的工作要求具备艺术修养、创造力、表达能力和直觉，并将其用于语言、行为、声音、颜色和形式的审美、思索和感受，具备相应的能力。不善于事务性工作。如艺术方面职业（演员、导演、艺术设计师、雕刻家、建筑师、摄影家、广告制作人），音乐方面职业（歌唱家、作曲家、乐队指挥），文学方面职业（小说家、诗人、剧作家）。

知识拓展

职业兴趣测验

第三节　评价自己的能力

善用兵者,不以短击长,而以长击短。

——司马迁

案例导入

教学视频2-3

马克·吐温

一、能力的定义

能力是指才干、技能或能胜任某项工作的主观条件,是人们成功完成某种活动必须具备的个性心理特征,是人们在社会实践中所表现出的身心力量。

当一个人的能力和工作的要求相匹配时,最容易发挥自己的潜能,并且获得一种满足的感觉;相反,当一个人去做自己力所不及的工作时,就会感到焦虑,甚至产生挫败感;而当一个人能力超出工作要求太多时,又容易感到工作缺乏挑战,比较乏味。因此,我们在选择职业时,要寻求个人能力与职业技能要求的适配。

二、能力的分类

按照能力获得的方式(先天具有与后天培养),可以分为"能力倾向"和"技能"两大类。

1. 能力倾向

能力倾向指一个人的潜在能力,是上天赋予每个人的特殊才能。我们常听说的某某天资聪明,指的就是这个人先天聪明。它是与生俱来的,不过也有可能因为未被开发而荒废。因此,能力倾向是一种潜能,只有去发展这方面的天资,才能使人获得某种知识或技能。

2. 技能

技能是经过学习和练习而培养形成的能力,通常也会将技术涵盖在"专业技能"之内。每个人在社会中,能够生存下来,其实从小到大,已经学会了无数的技能。在现实生活中,个人的能力水平往往是能力倾向和技能两方面的结果。

技能的分类:

(1)专业知识技能。专业知识技能是指那些需要通过教育或者培训才能获得的特别的知识或能力,也就是个人所学科目、所懂得的知识。专业知识技能不可迁移,需要经过有意识、专门的培训才能掌握。它们常常与专业学习或工作内容直接相关。例如,水工专业的学生要懂得水电站相关设计和施工原理。事实上,专业知识技能并非只有通过正式的专业教育学习才能获得。学校里面的自考、函授、讲座、培训、选修等都是获得专业知识技能的途径。

(2)自我管理技能。自我管理技能经常被看作个性品质而非技能,被用来描述或说明人具有的某些特征,如紧张的还是放松的、听从的还是自我指导的。自我管理技能又被称为"适应性技能",因为良好的自我管理技能能够帮助个体更好地适应周围的环境、应对工作中出现的问题。有人说"自我管理技能是成功所需要的品质、个人最有价值的资产",因此,培养良好的自我管理技能至关重要。自我管理技能可以从非工作领域迁移到工作领域。也就是说,耐心、负责、热情、敏捷等技能并不是通过专门的课程学习到的,而是在日常生活中随时随地培养的。

(3)可迁移技能。可迁移技能来自你的工作、习惯、运动和其他生活经历,却可以迁移应用到你下一份工作或新的职业生涯。可迁移技能除了对更换工作有用外,对裁员,应届毕业生找第一份工作和经过长期无业后就业的人来说都是有用的。基于这样的原因,可迁移技能也是个人最能持续运用和最能够依靠的技能。

大学生在学好专业知识的基础上,要加强对自我管理技能和可迁移技能的培养。同时,我们还需注意到,现在提到的"复合型人才",指的就是具有多种不同技能的人。这类人在职场上更具有竞争性,更容易得到领导的青睐。例如,一个懂心理学的家居设计师,能在设计家庭装修方案时运用自己的心理学与客户沟通,令客户更加满意。也就是说,技能的组合在竞争的就业市场有更广阔的空间。

三、能力与职业的关系

能力是职业选择的一个重要条件。人要胜任某一项工作,不仅要具备从事任何职业所需要的一般能力,还要具备所从事职业需要的特殊能力,并习得工作中所要运用的知识和技能。所以,个人在选择职业之前,首先要明确自己的能力倾向,确定职业领域,并习得职业所需的技能,个人的职业发展才能顺利。

能力是职业适应性首要的和基本的制约因素。如何让能力同职业岗位很好地结合在一起,需注意以下三点:

（1）能力类型与职业相吻合。不同的人有不同的能力，职业也因工作性质、内容和环境的不同，对人的能力提出不同的要求。只有让能力类型和职业类型相匹配，才能发挥个人的特长，实现自身价值。例如，有的人擅长形象思维，有的人擅长逻辑思维，还有的人擅长具体行动思维。那么根据思维能力与职业类型相吻合的原则，擅长形象思维的人比较适合从事文学艺术方面的工作，擅长逻辑思维的人比较适合从事哲学、数学等逻辑性强的工作，擅长具体行动思维的人比较适合从事机械修理方面的工作。对于大学生来说，就业时就应考虑自己是否具备胜任工作的能力。

（2）能力水平与职业水平层次相吻合。对一种职业或职业类型来说，由于所承担的内容和责任不同，可以分为不同的层次，不同的职业层次对能力水平也是有着不同的要求。比如同样是教师，大学教师和中学教师的要求是不一样的。这就说明了，在根据能力类型确定职业类型后，还应根据自己的能力水平确定吻合的职业层次。能力高了，是浪费人力；能力低了，不能完成任务。

（3）发挥优势能力的原则。每个人都具有一个多种能力组成的能力系统，每个人在这个能力系统中，各方面能力的发展是不平衡的，常常是某方面的能力占优势，而另一些能力则不太突出。对职业选择和职业指导而言，应主要考虑其最佳能力，选择最能运用其优势能力的职业。需要说明的是，职业能力是可以有意识地培养的。在同样的客观条件下，人的能力发展主要取决于主观努力的程度，"勤能补拙"就是这个道理。

第四节　了解自己的价值观

人，只要有一种信念，有所追求，什么艰苦都能忍受，什么环境也都能适应。

——著名作家　丁玲

教学视频 2-4

富翁与渔夫的故事

一、价值观

1. 价值观的定义

价值观是指一个人对周围的客观事物（包括人、事、物）的意义和重要性的总的看法和评价。价值观是社会成员用来评价行为、事物以及从各种可能的目标中选择自己满意的目标的准则。如年龄 70 多岁的中国老人和美国老人对于住房的一句话，美国老人说："我终于把房贷还完了。"而中国老人说："我终于凑够钱把房子买了。"不同的话，体现了不同的价值观。

2. 职业价值观

职业价值观指人生目标和人生态度在职业选择方面的具体表现，也就是一个人对职业的认识和态度以及他对职业目标的追求和向往。理想、信念、世界观对于职业的影响集中体现在职业价值观上。

由于个人的身心条件、年龄、阅历、教育状况、家庭影响、兴趣爱好等方面的不同，人们对各种职业有着不同的主观评价。从社会来讲，由于社会分工的发展和生产力水平的相对落后，各种职业在劳动性质的内容上，在劳动难度和强度上，在劳动条件和待遇上，在所有制形式和稳定性等诸多问题上，都存在着差别。再加上传统的思想观念等的影响，各类职业在人们心目中的声望和地位便也有好坏高低之分，这些评价都形成了人的职业价值观，并影响着人们对就业方向和具体职业岗位的选择。

3. 职业价值观的类型

根据不同的划分标准，人们对职业价值观的种类划分也不同。我国学者阚雅玲将职业价值观分为如下12类：

（1）收入与财富。工作能够明显有效地改变自己的财务状况，将薪酬作为选择工作的重要依据。工作的目的或动力主要来源于对收入和财富的追求，并以此改善生活质量，显示自己的身份和地位。

（2）兴趣与特长。以自己的兴趣和特长作为选择职业最重要的因素，能够扬长避短、趋利避害、择我所爱、爱我所选，可以从工作中得到乐趣和成就感，在很多时候，会拒绝做自己不喜欢、不擅长的工作。

（3）权力与地位。有较高的权力欲望，希望能够影响或控制他人，使他人照着自己的意思去行动；认为有较高的地位会受到他人尊重，从中可以得到较强的成就感和满足感。

（4）自由独立。在工作中能有弹性，不想受太多的约束，可以充分掌握自己的时间和行动，自由度高，不想与太多人发生工作关系，既不想治人也不想治于人。

（5）自我成长。工作能够给予受培训和锻炼的机会，使自己的经验与阅历能够在一定的时间内得以丰富和提高。

（6）自我实现。工作能够提供平台和机会，使自己的专业和能力得以全面运用和施展，实现自身价值。

（7）人际关系。将工作单位的人际关系看得非常重要，渴望能够在一个和谐、友好甚至被关爱的环境中工作。

（8）身心健康。工作能够免于危险、过度劳累，免于焦虑、紧张和恐惧，使自己的身心健康不受影响。

（9）环境舒适。工作环境舒适宜人。

（10）工作稳定。工作相对稳定，不必担心经常出现裁员和辞退现象，免于经常奔波找工作。

（11）社会需要。能够根据组织和社会的需要响应某一号召，为集体和社会作出贡献。

（12）追求新意。希望工作的内容经常变换，使工作和生活显得丰富多彩，不单调枯燥。

美国心理学家洛特克（Milton RoKeach）在其所著《人类价值观的本质》一书中，提出13种价值观：成就感、审美追求、挑战、健康、收入与财富、独立性、爱、家庭与人际关系、道德感、欢乐、权利、安全感、自我成长和社会交往。

关于价值观的分类还有很多，不管如何分类，随着社会的发展，价值观的研究逐步从个体层面扩展到了社会和文化层面，从而形成了个体价值观、社会价值观和文化价值观三个方面的研究领域，指导着人类价值实践的选择。

二、价值观的激励作用

是什么激励着人的行为呢？

心理学家亚伯拉罕·马斯洛认为：我们的行动是为了获取一定的需求。马斯洛在他1943年的论文《人类动机理论》和后来出版的《动机与人格》一书当中首次提到了"需求层次"的概念。这种层次表明人们是在满足最基本的需求以后才会去满足更高层次的需求。

这种需求层次通常用金字塔（图2-6）来表示，金字塔的最底层是一些最基本的需求，而最复杂的需求在金字塔的顶端。金字塔最底层的需求是生理需求，包括食品、水、睡眠和保暖。当这些需求得到满足后，人们就会向下一个层次的需求去努力，去实现安全上的需求。随着金字塔的升高，人们对心理和社会性的需求越来越多。很快，爱情、友情和亲密感变得更重要。金字塔进一步上升，自尊和自我实现的需求占据了重要地位。马斯洛和罗杰斯一样强调自我实现的重要性，这是个人实现自我潜能的成长与发展过程。

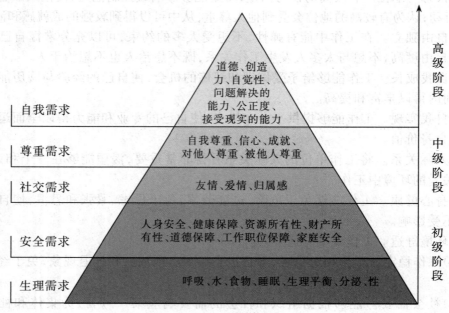

图2-6　马斯洛需求层次模型

　　马斯洛认为：这些需求是和本能相似的，并且在激励行为上起到一个重要的作用。金字塔的前四层（生理、安全、社交和尊重需求）被马斯洛称为"缺乏性需求"（D-需求），这意味着这些需求产生剥夺。满足这些低层次的需求十分重要，否则就会感到不愉快和忧虑。马斯洛将金字塔的最高层称为"增长性需求"（B-需求），即自我需求。增长性需求并不源于缺乏某种东西，而是一个人成长的愿望。

　　正确认识自我职业价值观有利于职业的定位与发展，但人们对自己的职业价值观认识常常会出现一些错觉，他们会把一些社会公众对职业评价等作为自己的职业价值观。如社会公众对成功的衡量就是金钱和地位，在趋同社会认识的时候，却忽视了自己的内心。再比如，有人常说"健康"很重要，但是在实际生活中，他做的事情却和"健康"背道而驰，常常为了学习晚睡晚起、不注意饮食和休息等。其实通过这个人的行为习惯进一步分析，我们会发现，对于这样的人，学习所代表的"成就感"或学习成绩好带来的"被认可"的感觉是更为重要的。混淆的价值观导致人们在面临职业选择时，反复犹豫而无法适从。这时候，需要我们澄清自己的价值观。1966年美国的罗伊斯·拉舍等学者指出，真实的价值观需要具备以下一些基本要素（表2-3）。当你回答完这些问题以后，你就已经完成了价值澄清。

表2-3　价值观的基本要素

要素类别	说　明	关键词
选择	它是你自由选择，没有来自任何人或任何方面的压力吗？	自主
	它是从众多的价值观中挑选出来的吗？	对比
	它是在你思考了所做选择的结果后被挑选出来的吗？	思考
珍视	你是否珍爱你的价值观，或者为你的选择感到自豪？	珍惜
	你愿意公开向其他人承认你的价值观吗？	正视
行动	你的行动是否与你选择的价值观一致？	支持
	你是否始终如一地根据你的价值观来行动？	践行

知识拓展○

"价值观大拍卖"

第五节　刨根问底探职业

有事可做的人就等于有了自己的产业,而只有从事天性擅长的职业,才会给他带来利益和荣誉。站着的农夫要比跪着的贵族高大得多。

——富兰克林

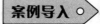

案例导入

教学视频 2-5

体验是最好的职业认知方式

一、职业

职业是人的生活最重要的组成部分,约占生命的一半时间,影响着个人的整个事业发展和家庭幸福程度。

有人曾问三个砌砖工人:"你们在做什么?"

第一个工人说:"我正在砌砖。"

第二个工人说:"我正在挣工资。"

第三个工人却说:"我正在建造世界上最富有特色的房子。"

据说后来,前两个人一生都是普普通通的砌砖工人,而第三个工人成了有名的建筑师。三个工人不同的简单回答,呈现出三种不同的工作态度:第一个工人是为了工作而工作;第二个工人是为了赚钱而工作;第三个工人是为创造生活而工作。这个小故事我们很多人可能都听过,从中可以领悟出什么呢? 可以说,对于工作认知的不同直接决定了个人职业发展的高度。因为对工作本身是否出于自身的热爱,决定了我们努力的程度。现代社会是高速发展的社会,新的职业不断产生,旧的职业不断消失,为了个人能得到更好的发展,我们对于职业的认识绝对来不得马虎,正所谓"知己知彼,百战不殆"。

职业、工作、职位的区别:

有关"职位"(professional position)、"工作"(job)、"职业"(occupation)这几个词的含义在理论上仍然存在着一定程度的争议,不过我们可以大致将它们定义如下:

职位:是和分配给个人的一系列具体任务直接相关的。因此,职位和参与工作的个人相对应,有多少参与工作的个人,就有多少个职位。例如,小张是某俱乐部足球队的前锋。

工作:是由一系列相似的职位所组成的一个特定的专业领域,如前锋。

职业:是在不同的专业领域中一系列相似的服务。例如,运动员是一种职业。

美国当代著名科普作家阿西莫夫(Isaac Asimov)是生物化学教师,然而,他又喜欢写作,在18岁时就开始发表科学幻想小说。他意识到"我绝不会成为一流的科学家,但是我可能成为一流的作家"。于是,他根据自己的才能,把主要精力放在科普写作上。如今,他已写了200本科普读物,成为世界上最多产的科普作家。在这里,对于阿西莫夫来说,教师是他的工作,而作家则成了他的职业。

二、用职业分类的方法帮助探索职业世界

所谓职业分类,是采用一定的标准和方法,依据一定的分类原则,对从业人员所从事的各种专门化的社会职业所进行的全面、系统的划分与归类。

在繁杂的工作世界中挑出相关、有用的信息,是一项艰巨的工作。学生即使形成了自己的职业库,但到底有哪些工作可能和职业库得出的职业特点相符合,这也是一个问题。如果能按照一定的规则将职业分类,学生就可以轻松地找到和这些特点相关的工作了。下面介绍一些比较经典的职业分类方法。

1. 霍兰德的职业环境分类

霍兰德职业环境分类在职业兴趣探索一节有详细的描述,这里不再赘述。

2.《中华人民共和国职业分类大典》

它是我国第一部对职业进行科学分类的权威性文献,由国家劳动和社会保障部、国家质量技术监督局、国家统计局联合编制。该书将中国目前的社会职业归为8个大类、75个中类、434个小类、1481个职业。8个大类分别是:

第一大类:党的机关、国家机关、群众团体和社会组织、企事业单位负责人,其中包括6个中类、15个小类、23个职业。

第二大类:专业技术人员,其中包括11个中类、120个小类、451个职业。

第三大类:办事人员和有关人员,其中包括3个中类、9个小类、25个职业。

第四大类:社会生产服务和生活服务人员,其中包括15个中类、93个小类、278个职业。

第五大类:农、林、牧、渔业生产及辅助人员,其中包括6个中类、24个小类、52个职业。

第六大类:生产制造及有关人员,其中包括32个中类、171个小类、650个职业。

第七大类:军人,其中包括1个中类、1个小类、1个职业。

第八大类:不便分类的其他从业人员,其中包括1个中类、1个小类、1个职业。

3. 行业分类

行业分类是不同于《中华人民共和国职业分类大典》的另外一种分类模式,主要是依据经济活动性质的同一性进行分类的原则,即主要按企业、事业单位、机关团体和个

体从业人员所从事的生产经营活动或其他社会经济活动性质进行行业分类,而不按其所属行政管理系统分类。某一行业就其实质来说是指从事一种或主要从事一种活动的所有单位的聚合体。

我国2017年第四次修订的《国民经济行业分类》中,新行业分类共有20个门类、97个大类、473个中类、1380个小类。主要分类如下:

A. 农、林、牧、渔业。

B. 采矿业。

C. 制造业。

D. 电力、热力、燃气及水生产和供应业。

E. 建筑业。

F. 批发和零售业。

G. 交通运输、仓储和邮政业。

H. 住宿和餐饮业。

I. 信息传输、软件和信息技术服务业。

J. 金融业。

K. 房地产业。

L. 租赁和商务服务业

M. 科学研究和技术服务业。

N. 水利、环境和公共设施管理业。

O. 居民服务、修理和其他服务业

P. 教育。

Q. 卫生和社会工作。

R. 文化、体育和娱乐业。

S. 公共管理、社会保障和社会组织。

T. 国际组织。

三、影响职业发展的因素

(1)社会进步和变迁。例如,从原始社会到奴隶社会,国家出现了,于是大臣、官员、军人等也随之出现。例如,从封建社会到资本主义社会,国王、大臣没有了,取而代之的是总统、总理、议员。

(2)产业变迁。我国未来随着社会经济的发展,产业结构会不断调整,从事农业生产等第一产业、第二产业的职业将逐步萎缩,服务业的职业将逐步扩大,而目前国家公布的新职业主要集中在服务业更证实了这一点。

(3)技术进步。如排版这一工作是从活字印刷出现开始有相应的工作人员的,而现在由于技术进步已经看不到铅字排版员了,取而代之的是计算机排版人员。

(4)政策与文化。例如,我们过去对中医不重视,中医职业一度陷入衰退的境地。现在,随着人们对养生的重视,中医这个职业又重新升温。

第六节　探索职业与专业

职业尽管不同,但天才的品德并无分别。

——巴尔扎克

案例导入 ○▷

专业与职业的问题

一、专业和技能是可以变通的

每个人在大学都有所学习的专业,那么现在学习的专业是否一定是你未来从事的职业呢?

我们在探索工作世界时,应了解和自己专业相关的职业。学习专业知识的目的是帮助人获得更好的发展,绝不是限制人的发展。当我们用更广阔的思路来看工作世界时,会更容易理解下面的一些基本事实。

(1)目前工作世界中有超过20000种的职业,对于大多数人来说,都有数种职业适合他们。

(2)调查表明,各个经济收入阶层和各种行业领域的人都热爱自己的工作。

(3)没有哪一种工作能够完全满足你所有的需要。所有工作都有其局限性和令人失望之处。你需要通过其他活动来平衡你的生活,才有可能感觉到圆满。

(4)工作市场和经济形势都时常发生变化,甚至是急剧的变化。有的行业在目前可能充满了机会,但却会在数年内饱和。

所以,在职业世界中,每个人都有可能找到属于自己的那份工作,只是需要做好心理准备:这是一个过程,对不同的人,过程也会有长短;变化是其中必然要面对的。这个决定可能不会持续一生,也常常伴随着风险,因此需要个人不断调整和变化才能保持满意度。面对工作世界,你需要学会如何应对工作的变动,而不是一味地去回避它。

二、终身教育成为职业生涯发展的必然

在现在这个知识经济的时代,继续教育和终身学习几乎成为每个人生涯发展中的必然内容。一般而言,继续学习的途径包括专升本(成教、自考、网络教育、普通高校专

升本)、考研、出国、在职培训、实习、资格认证等。哪种形式更适合自己,则要从时间、经济、能力、针对性等多角度去了解与考虑。

课后练习 ○

(1)通过内、外部探索,你大致了解了自己的职业倾向,但你对这些职业了解多少?了解该职业有哪些职位? 你对对应职位的工作内容、职业前景、工作环境、福利待遇、需要具备的专业知识素质和能力等有清晰的认识吗?

如果有,请写下来并思考一下如何才能了解这些信息。

(2)请学生用头脑风暴法列举出与手机相关的尽可能多的职业,并将所有联想到的职业都记录到纸上。

思考:你从这个活动中得到了什么启发?

小·组·讨·论

夸夸我自己

(1)说出至少20个自己的优点。

(2)我具备的知识技能:

①在学校期间学习到的书本知识,如英语、大学语文等。

②在学生工作中学习到的,如海报制作、场地申请等。

③在兼职或社会实践中学习到的,如文字编辑、经费预算等。

④从兴趣爱好中学习到的,如游泳、摄像等。

⑤通过看电视、听广播、上网阅读等方式学到的,如照片处理等。

(3)典型成就事件分析:

①我的成就事件是什么?

②我所喜爱并擅长的技能是什么?

第三章 职业生涯规划的行动与调整

（1）了解制定职业生涯行动计划的重要性。
（2）帮助学生运用相关的技巧进行职业生涯规划。
（3）了解职业生涯规划评估与调整的意义。
（4）帮助学生科学地制定出一份实效的职业生涯规划书。

PPT

第一节　制定职业生涯的行动计划

每个人都有他隐藏的精华，和任何别人的精华不同，它使人具有自己的气味。

——罗曼·罗兰

案例导入

教学视频3-1

比尔·拉福职业选择之路

通过前面两章的学习，大家对职业生涯规划的概念和步骤有了一定的了解，对自己的职业兴趣、性格、能力和价值观进行了探索，也开始关注感兴趣的职场世界。在做了全面的自我分析、环境条件分析、职业分析之后，大家可以将个人的职业生涯规划具体化，即制定你的职业生涯行动计划。每个大学生首先要确立自己的职业方向，和现实挂钩，知道自己需要什么、社会需要什么，结合自己的兴趣、特长、技能、经历等进行客观的自我评估，对职业环境和社会环境进行分析，确立务实、可行的职业方向。同时，要根据自己的爱好、实际能力和社会需求制定有效的实施步骤，比如某个阶段该做什么、某个时间段自己达到什么目标等，并在这个过程中不断调整和完善。

生涯发展目标、职业生涯决策、行动计划和调整反馈都是一个人制定职业生涯规划必不可少的基本要素。目标具有指引追求和行动的价值,决策直接影响个人生涯满意的程度,行动是生涯追求具体落实的基础,调整反馈是行动方案前进的保障。每个人在做生涯规划时,以上几点缺一不可。学习本章的重点在于引导学生设定属于自己的职业生涯目标,制定切实可行的行动方案,并且学会不断调整自己的生涯脚步。

一、进行分析

进行分析包括进行自我分析和环境分析两个方面。

1. 利用"5W"分析法进行分析

如何来规划自己的职业生涯,许多职业咨询机构和心理学专家在为别人进行职业咨询和职业规划时,常常采用的一种方法就是"5W"的思考模式:从自己是什么样的人开始。然后顺着这个问题一路问下去。

第一个"W"——"Who are you?"即"我是谁?"应该对自己进行一次深刻的反思,优点和缺点都应该一一列出来。

第二个"W"——"What do you want?"即"我想干什么?"这是对自己职业发展的一个心理趋向的检查。每个人在不同阶段的兴趣和目标并不完全一致,有时甚至是完全对立的。但随着年龄和经历的增长而逐渐固定,并最终锁定自己的终身理想。

第三个"W"——"What can you do?"即"我能干什么?"这是对自己能力与潜力的全面总结,一个人职业的定位最根本的还要归结于他的能力,而他职业发展空间的大小则取决于自己的潜力。对于一个人潜力的了解应该从几个方面着手去认识,如对事的兴趣、做事的韧力、临事时的判断力以及知识结构是否全面、是否及时更新等。

第四个"W"——"What can support you?"即"环境支持或允许我干什么?"这种环境支持在客观方面包括本地的各种状态,比如经济发展、人事政策、企业制度、职业空间等;人为主观方面包括同事关系、领导态度、亲戚关系等,两方面的因素应该综合起来看。有时我们在职业选择时常常忽视主观方面的东西,没有将一切有利于自己发展的因素调动起来,从而影响了自己的职业切入点。

分析了前面四个问题,就能从各个问题中找到对实现有关职业目标有利和不利的条件,列出不利条件最少的、自己想做而且又能够做的职业目标,那么第五个"W"——"What can you be in the end?"即"自己最终的职业目标是什么?"自然就有了一个清楚明了的框架。最后,将自我职业生涯计划列出来,建立形成个人发展计划书档案,通过系统的学习、培训,实现就业理想目标:选择一个什么样的单位,预测自我在单位内的职务提升步骤,个人如何从低到高逐级而上。例如从技术员做起,在此基础上努力熟悉业务领域、提高能力,最终达到技术工程师的理想生涯目标;预测工作范围的变化情况,不同工作对自己的要求及应对措施;预测可能出现的竞争,如何相处与应对,分析自我提高的可靠途径;如果发展过程中出现偏差,如果工作不适应或被解聘,如何改变职业方向。

2. 利用SWOT分析法进行分析

SWOT分析法(图3-1)又称为态势分析法,是在20世纪80年代初,由美国旧金山大学管理学教授提出的一种能够较客观而准确地分析和研究现实情况的方法。SWOT四个英文字母分别代表：优势（strengths）、劣势（weaknesses）、机会（opportunities）、威胁（threats）。所谓SWOT分析，就是在四个维度上通过矩阵式交叉的分析，找出适合自己的基本策略。这种方法主要是分析组织和个人内部的优势与劣势，以及外部环境的机会与威胁，制定未来发展策略。SWOT分析是一种功能强大的分析工具，是检查个人技能、能力、职业、喜好和职业机会的有用工具。

S：优势 你的优势是什么？ 你有哪些特长？	O：机会 你身边有哪些机会？ 哪些外部因素对你有利？
W：劣势 你的劣势是什么？ 你有哪些不足？	T：威胁 你身边有哪些阻碍？ 哪些外部因素对你不利？ 你有哪些敌人？

图3-1 利用SWOT分析法进行分析图示

（1）优势。"优势"主要是指个人优势和资源优势。个人优势，指纯粹属于个人的因素，不随外界因素变化的优势，如对数字很敏感、逻辑能力强、善于收集信息情报、在团队中有很强的组织领导力、聪明能干、口头表达和交际能力强、有文艺体育特长，这些可以成为个人的优势。这些优势容易给别人造成深刻的印象，引起注意和重视，有利于选择适当的职业。如口头表达能力好的人可以从事需要与人打交道、说服别人的工作。

资源优势包括的因素很多，例如人力资源、财力资源、品牌资源、知识资源等。比如，你的父母亲戚中有些是有背景的人物，你有一些有能力的朋友，你家里可以给你一大笔资金用做投资创业，你所在学校是名牌，你所学的专业是市场稀缺专业等。这些资源优势，可以为你的职业规划的实施奠定基础和创造条件。但是，这只是条件，不能仅仅依靠环境资源优势，要借助环境资源，凭个人努力去获取成功。单靠环境资源优势是不够的，因为环境资源优势有可能耗尽，有的还可能丧失。要依靠自身个人优势，不断开发环境资源，形成新的环境资源优势，为自己的发展创造新的条件。

（2）劣势。"劣势"是相对优势而言的。要分析你欠缺的地方及劣势所在，在了解自己能做什么之前，先了解自己最好不要做什么、可能遇到什么麻烦，这样可以帮我们降低挫败的概率。过度自信和过度自卑都可能会影响自己的判断力。要进一步分析自己的劣势，严格客观地剖析自己，如不善言辞、害羞、粗枝大叶、专业知识薄弱、适应能力差、缺乏经验、行业不景气等。这些劣势可能会给你的职业规划带来麻烦和影响，分析劣势的目的就是要使自己懂得如何避开这些劣势，使自己在职业道路上"避短"，这是对扬长的补充。如果你一定要挑战这些劣势，坚信"一切皆有可能"，也不是绝对不行，只是会遇到更多的困难。

（3）机会。所谓"机会"，主要对外界而言，包括学校可能提供的如"专升本""对口实习"等机会。不要仅仅把企业来学校招聘作为机会。机会的分析需要广阔的视角，宏观上包括国家的经济形势、产业政策、法律法规、各区域的产业发展态势、各行业发展趋势等。微观上包括收集到的来自各企业、政府部门、人才市场、学校或学长们提供的各类有价值的信息。尤其要关注新生职业和高增长预期的职业领域，与自己专业或自身优势有关的边缘性、复合型职业领域，职业竞争者较少的行业，以及国家强烈支持倾向的人才政策等有利信息。不要让机会总是不经意地溜走。

（4）威胁。所谓威胁，既包括人才市场竞争激烈，人才需求饱和，所学专业领域增长过缓甚至衰退，新的低成本竞争者（甚至是技术上的替代者），人才需求方过强的谈判优势，不利的政策信息，新提高的职业门槛等，也包括来自自身的，比如身体健康隐患、家庭不稳定因素、糟糕的财务状况及还款压力等，这些因素可能对你的职业规划带来很大的影响，如不能预防，还可能造成威胁。这听起来让人觉得有些不舒服，但如果你能对此有所预防而别人不能，你就有了一定程度的优势。所以，普遍存在的各种威胁也可能成为你参与社会竞争的有利工具。

SWOT分析法是检查你个人能力、职业、喜好和职业机会的有用工具。如果对自己做了细致的SWOT分析，那么，你会很清楚地知道自己的个人优点和缺点在哪里，并且你会仔细地评估出自己所感兴趣的不同职业道路的机会，排除各种威胁，实现自己的职业规划。

二、确定目标

职业生涯目标的设定，是职业生涯规划的核心。一个人能否成功，很大程度上取决于有无正确、适当的目标。只有树立了目标，才能明确奋斗方向。目标犹如海洋中的灯塔，引导你避开暗礁险滩，走向成功。

一个好的职业生涯目标，是要根据个体的条件和外部环境综合加以考虑才能确立的，目标设立的高度要适合自己，不能过高，脱离实际就会导致失败；也不能太低，太低不能激发人的斗志和潜能而停滞不前。目标确立的时间应该长短结合，长期目标为人生指明了方向，短期目标的实现能使人体会到成就感和乐趣，进而鼓舞自己朝着更高的目标迈进。

1. 目标分解

目标分解帮助我们在现实环境和美好愿望之间建立起可以拾阶而上的途径。职业目标分解是根据观念、知识、能力差距，将职业生涯长期的远大目标分解为有时间规定的长、中、短期分目标，直至将目标分解为某确定日期可以采取的具体步骤。因此，目标分解是将目标清晰化、具体化的过程，它可以将目标量化成可操作的实施方案。

范例一

山田本一的故事

（1）按时间分解。通常从时间上划分，目标有短期目标、中期目标、长期目标和人生目标之分。长期目标是指十年左右的目标。要求目光远大、要放眼未来，预测可能的职业进步，用心去思考和发现自己的长期职业目标。中期目标指十年以下两年以上的目标。短期目标指的是1~2年的目标,具有现实性和可操作性。长期目标和短期目标有机联系,构成一个金字塔目标网,塔尖是长期目标,底部是无数个短期具体目标,如图3-2所示。

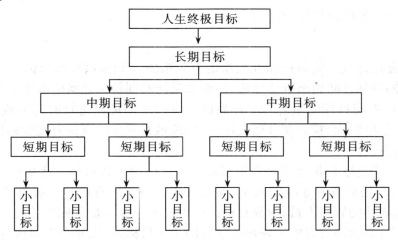

图3-2 目标按时间分解图示

在设定短期目标时,我们还要注意:这个目标应该支持并有助于长期目标的达成。同时,这些目标在一定的策略、资源与我们自身的努力下,应该是可以完成的。以"三年内成为一位优秀的销售经理"为例,这样,你需要先制定出每年的短期目标,从而支持这个长期目标的实现。譬如,针对自己的长期目标,你应该分别制定出第一年的目标:成为一名工作刻苦的助理销售主任;第二年的目标:晋升为公司的销售主任。只有这两个短期目标顺利实现后,你才可能最终在第三年实现自己的长期目标。

在制定短期目标时,有五个原则需要牢记:具体的、可衡量的、有挑战性的、合理的、有时间限制的。第一,这个目标一定要具体,应该是专为某一件事情或工作而设定的,不能模糊不清。第二,这个目标一定是可衡量的,因为只有量化的目标才可以进行客观的测量和考核,无法衡量的目标是不具备任何约束性的。第三,要有挑战性,制定的目标不能很轻易地就能实现,这个目标应该高于自己目前的状况和能力,这样才能促使我们自身不断进步与提高。第四,目标必须合理,一定要是切实可行的,是通过我们的努力可以实现的。如果目标脱离实际,只是为了让你自己和上司看了高兴的话,那无疑就是虚无缥缈的空中楼阁。第五,目标要有时间限制,不能永无休止地往后拖,它一定要在一个限定的时间内完成。例如,今天下班以前,本周六以前,今年年底之前。这些目标制定了之后,我们靠什么去实现它们?

(2)按性质分解。职业生涯规划分为外职业生涯规划和内职业生涯规划。我们在分解和组合自己的职业生涯目标时,外职业生涯目标与内职业生涯目标是同时进行的,而且内职业生涯目标是应该重点掌握的内容。其中,外职业生涯目标包括工作内容目标、职务目标、工作环境目标、经济收入目标、工作地点目标等。外职业生涯目标可以理解为职业条件,它不属于自己,是所从事专业赋予个人的,别人可以给你,也可以收回;而内职业生涯目标侧重于在职业生涯过程中的知识、经验的积累,观念、能力的提高和内心感受,主要包括观念目标、掌握新知识目标、提高心理素质目标、工作能力目标、处理与其他人活动关系的目标等。内职业生涯内化为个人的素质，是一个人内在的东西，一旦取得，别人是收不回也拿不走的，它已融入你的机体，成为你的特质。因此，外职业生涯发展是以内职业生涯为基础的，内职业生涯发展是外职业生涯发展的前提，内职业生涯带动外职业生涯发展。

2. 目标组合

目标组合是处理不同目标相互关系的有效措施。如果只看到目标之间的排斥性，就只能在不同目标之间做出排他性选择；而如果能看到目标之间的因果关系与互补性，就会积极进行不同目标的组合。分解后的小目标之间可以进行时间上或功能上的组合，以便我们集中时间、精力和其他资源，去实现最有意义的或最有把握的目标。

（1）时间组合。

①并进。并进组合是指同时着手实现两个并行的工作目标。比如财务经理，实际上身兼双职，既是财务专业技术人员，又是管理人员。财务经理在提高专业技术的同时，也需要做成功的管理人员，提高自己的管理水平。这就是目标的并进。职业规划目标的并进组合，是指同时着手实现两个平行的工作目标，即在同一期间内进行不同性质的工作。

②连续。连续组合是指一个目标实现之后再去实现下一个，最终连续而有序地实现各个目标。一般来说，职业生涯的阶段目标与职业生涯的最终目标是相关联的，较短期目标是实现较长期目标的支持条件。目标的期限性也是相对的。随着时间的推移，长期目标成为中期目标，中期目标成为短期目标，短期目标成为近期目标。只有完成好每一个近期目标和短期目标，最终目标才有可能实现。

（2）功能组合。

①因果关系。有些目标之间存在着明显的因果关系，如工作能力目标与职务目标、收入目标，前者是因，后者为果。其表现为：工作能力提高—职务提升—收入增加。通常情况下，内职业生涯目标是原因，外职业生涯目标是结果。一般因果排序为：观念更新目标—掌握新知识目标—提高工作能力目标—职务晋升目标—经济收入提高目标。因此，要想实现因果组合，就需要我们不断更新知识，树立新观念，然后去实践。这样，我们的实践能力就提高了，随着职务提升，业绩突出，报酬也就会不断增加。

②互补关系。互补关系组合是指把存在互补关系的目标进行组合。职业生涯目标的互补关系是显而易见的。例如，一名管理人员希望在成为一个优秀的部门经理的同时得到MBA证书，这两个目标之间就存在着直接的互补关系：实际管理工作为MBA的学习提供了实践的经验和体会，而MBA学习则为实际的管理工作提供了理论和方法。再说，高校教师往往同时肩负教学和科研两项任务。教学为进行科研提供了理论基础和方法指导，科研实践又促进了教学内容的丰富更新和质量的提高。

（3）全方位组合。对职业规划目标进行全方位组合是指个人事务、职业生涯和家庭均衡发展，相互促进，它涵盖了人生全部活动。要实现这一目标，就要求我们在建立职业生涯目标时，应当通盘考虑自己在个人发展、家庭生活和职业生涯中的各种愿望。事业不是生活的全部，任何一个人都不能离开家庭和休闲娱乐，完美的职业生涯规划不应把生活中的其他内容排斥在外，而是要在生活中的不同目标间建立平衡的协调关系。

三、做出决策

教学视频 3-2

"决策"一词的意思就是为了达到一定目标,采用一定的科学方法和手段,从两个以上的方案中选择一个满意方案的分析判断过程。生涯决策就是指生涯发展过程中会面临多抉择的情境,需要个人作出明智的决定,以实现最大价值的生涯历程。良好的生涯决策能力对一个人来说至关重要,个人决策的质量是评估生活的有效性指标之一。对于大学生来说,学会自主决策、正确决策,也是承担对自己人生责任的必经一步。决策意味着与风险并存,但并不是说不决策就可以避免风险。生活中,只有敢于正确分析,善于冒险,才有机会享受更多的成功和喜悦。

范例二

两兄弟的故事

有效的生涯决策方法——"CASVE循环分析法"(图3-3):

它是一种职业生涯规划决策技术,包括沟通、分析、综合、评估和执行五个阶段,能够为个人或团体提供帮助。职业生涯规划决策是一种问题解决活动。你对有关职业问题的解答,如同你对数学问题或科学问题的解答一样。你的职业生活质量是以你怎样进行职业决策和怎样解决职业问题为基础的。学习生涯决策技术中的CASVE循环,可以帮助你提高这方面的能力。

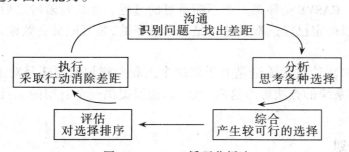

图3-3 CASVE循环分析法

"CASVE循环分析法"的操作步骤如下:

(1)沟通。在这个阶段,我们收到了关于职业理想与现实之间存在差距的信息。这些信息可能通过内部或外部交流途径传达给我们。内容沟通包括情绪信号,例如不满、厌烦、焦虑和失望,还有身体信号,如昏昏欲睡、头痛、胃部疾病等。外部沟通包括父母对你的职业规划的询问,同事、朋友对你的职业评价,以及杂志上有关于你的专业正在逐渐过时的文章。这是意识到自己需要作出选择的阶段。在这个阶段,我们通过各种感官和思考充分接触问题,发觉存在一个差距已不容忽视。

（2）分析。在这阶段，问题解决者需要花时间去思考、观察、研究，从而更充分了解差距，了解自己有效地作出反应的能力。好的生涯决策者阻止用冲动行事来减小在沟通阶段所体验的压力或痛苦，因为他们知道，这是无效的，甚至可能令问题恶化。他们弄清楚，要解决这个问题我需要了解自己的哪些方面，了解环境的哪些方面，需要做些什么才能解决问题，为什么我有这样的感受，家庭会怎样看待我的选择，等等。这是了解我自己和我的各种选择的阶段。在这一阶段，生涯问题解决者通常会改善自我知识，不断了解职业世界和家庭需要。简单地说，在分析阶段，生涯决策者应尽可能了解造成在第一阶段发现的差距的原因。分析阶段还需要把各种因素和相关知识联系起来，例如，把自我知识和职业选择联系起来，把家庭和个人生活的需要融入职业选择中。

（3）综合。主要是综合和加工上一阶段提供的信息，从而制定消除差距的行动方案。其核心任务是，确定我可以做什么来解决问题。这是一个扩大并缩小选择清单的过程。首先，尽可能多地找到消除差距的方法，发散地思考每一种办法，甚至采用"头脑风暴"进行创造性思维。然后，缩小有效方法的数量，通常缩减到3～5个选项，因为我们头脑中最有效的记忆和工作容量就是这个数目。

（4）评估。评估阶段将选择一个职业、工作或大学专业。它的第一步是评估每一种选择对生涯决策者和他人的影响。例如，如果选择了服兵役，这一选择将会给自己、伴侣、父母、孩子等重要的人带来什么影响？每一种选择都要从对自己和对他人的代价和益处两方面进行评价，并综合物质上和精神上的因素。第二步就是对综合阶段得出的选项进行排序。能够最好地消除差距的选项排在第一位，次好的排在第二位，依次类推。此时，职业规划决策者会选出一个最佳选项，并且做出承诺去实施这一选择。

（5）执行。这是实施选择的阶段，把思考转换为行动。很多人都觉得在执行阶段制定行动计划是令人兴奋的和有价值的，因为他们终于可以开始采取积极行动去解决问题了。

（6）再循环。CASVE循环是一个不断重复的过程。在执行阶段之后，生涯决策者又回到沟通阶段，以确定已经选取的选择是不是最好的，是否能最有效地消除理想与现实间的差距。

最后，CASVE决策技术无论是对于解决个人职业规划问题还是对于解决团体问题都非常有用。用系统的方法思考这六个步骤，能够提供一个有用的工具，使你成为一个更有效率的人。

四、行动计划

根据自己的各项目标制定行动计划。这里所指的行动主要是指落实目标的具体措施，这一过程中比较重要的行动方案包括职业生涯发展路线的选择、职业的选择和相应的教育和培训计划的制定。例如，在职业素质方面，计划学习哪些知识、掌握哪些技能、开发哪些潜能等。行动计划应具体到每一天如何学习、如何劳逸结合、如何参与社会实践活动等。

根据策略制定出具体的行动步骤。这个步骤大致可以分为四个环节：①对目标进行分析。在这一阶段，可以把整体目标分解成几个主要任务，估计可能会遇到的困难和机会。②思考有什么方法及可利用哪些资源帮助自己达成目标。例如,为达成目标,在工作方面,你计划采取什么措施提高你的工作效率?在业务素质方面,你计划如何提高你的业务能力?在潜能开发方面,你计划采取什么措施开发你的潜能?等等。③要有具体的行动计划,并且这些计划要特别具体,以便于定时检查。④要加强学习、高效行动,学会管理时间和应对干扰,确保行动计划的顺利完成。对于同学们来说,你可以先想一下毕业后是否会选择专业对口的单位就业。如果你的回答是肯定的,就可以基本确定你的职业方向了。比如,你是学食品科学专业的,又很喜欢这个专业,你就需要了解食品科学专业对口的职业(即专业所对应职业群)有哪些。食品科学专业对应的职业有教师、(食品加工领域)科研人员、公务员、食品检验员、营养师、食品企业研发人员、技术员、项目经理、化验员等。如果你的答案是否定的,那你就必须找到自己感兴趣的专业,然后通过转专业,或通过辅修、选修专业课程,或者通过跨专业"升学"来调整和确定自己的职业方向。只有给自己确定了合理的目标,才有可能实现自己的职业梦想。反之,只能徒劳无功,一事无成。

知识拓展

人-职匹配理论

第二节　职业生涯规划的评估与调整

世界上一成不变的东西,只有"任何事物都是在不断变化的"这条真理。

——斯里兰卡

案例导入

教学视频3-3

一个大二女生的职业生涯规划
行动计划反馈与调整的示例

一、职业生涯规划评估与调整的含义

职业生涯规划中需评估与调整的内容包括职业的重新选择、生涯路线的选择、人生目标的修正、实施措施与计划的变更等。有的是因为自己的目标不能达到而需要变更，有的可能是因为同时出现若干个好的机会而面临选择，这时就不能一味地按照自己的原规划方案来执行，比如你计划成为一个好的医生，但是你考取了国家公务员，这时就要调整自己的职业规划方案，按照现有条件进行下一步的计划。职业规划本身就包含随时调整和不断完善的内涵。

在刚开始进行职业生涯规划时，个人不可能对未来的外部环境情况了如指掌，对自己的一些潜在能力也可能了解得不够充分，这就需要在具体实施职业生涯规划的过程中，不断地对原有职业生涯规划进行评估，调整职业生涯目标，检验生涯策略和行动方案是否恰当，以适应环境的变化，保证职业生涯目标的合理性和行动方案的有效性，最终促成职业生涯目标的实现。

二、如何进行职业生涯规划的评估与调整

对职业生涯规划实施过程进行评估与调整，可以借鉴 PDCA 循环法的做法（图 3-4），即将整个过程划分为计划、执行、检查与行动四个步骤。不同的步骤紧密相连，形成封闭的循环链条。当一个 PDCA 循环完成时，下一个 PDCA 循环就会开始，从而为职业生涯管理提供长期、持续的支持与反馈。

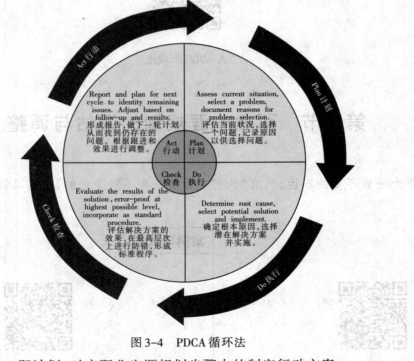

图 3-4　PDCA 循环法

P 代表 Plan，即计划，对应职业生涯规划步骤中的制定行动方案。

D 代表 Do，即执行，也就是具体实施行动方案。这一步是最困难的一步。许多人都曾经产生过改变自己的生活状态的想法，但真正去实践这些想法的人却很少。只有计

划却没有行动是永远无法实现目标的，只有不惧风险、立即行动才能使你拥有理想的工作和生活。

C代表Check，即检查，指检查行动方案实施的结果与目标是否一致。每个人在工作了一个阶段后，都应该反省一下自己目前所做到的与自己的理想还有多远。拿现在的自己和过去的自己做比较，拿自己和别人做比较，拿现状和理想做比较，通过不断的"自检"及时发现问题、解决问题，这是走向进步不可缺少的反省过程。

A代表Act，即行动，是指纠正错误，调整方向，在对以往行动的结果进行检验的基础上，对方案进行调整、完善后再次执行。在反省之后，每个人都会获得一些经验和教训，我们需要把这些经验和教训带入下一个"PDCA"循环中去，向自己的职业理想不断靠近。

三、职业生涯规划的评估与调整的意义

（1）通过反馈，客观认识职业生涯设计中存在的问题。

（2）通过反馈，理顺个人职业发展和外在职业环境的联系。

（3）通过反馈，保证职业生涯规划与正确方向。

社会竞争日趋激烈，"豫则立，不豫则废"，生涯规划显得十分重要，其前提是正确认识自我。因此，职业生涯规划的意义从客观上要求大学生在高考之前就应当制定符合自身实际情况的职业生涯规划，选择满足社会发展需要和自己有兴趣的专业，上大学以后还要重新认识自我，调整个人的职业生涯规划，并积极做好知识、技能、思想、心理等方面的准备，努力实施个人职业生涯规划。

第三节 撰写职业生涯规划书

如果有什么需要明天做的事，最好现在就开始。

——富兰克林

教学视频3-4

一个"有想法"的"好"同学

一、大学生职业生涯规划书的基本内容

1. 自我分析

生涯规划中普遍存在的问题是自我分析不全面。自我分析是大学生对自己慎重和

正确的评估过程,是认识自己的一个重要方面,也是选择职业的重要前提。自我分析主要包括两个方面:第一,主观分析。主观分析实际就是撰写人对自己的评价,每个人都是最了解自己的,自己对自己的正确评价决定了未来择业的方向。第二,客观分析。客观分析主要通过他人对撰写人的评价以及使用职业测试工具来认识自己,他人评价最常见的就是360度评价,职业测试工具主要有霍兰德职业兴趣测试和MBTI测试等。

2. 环境分析

所谓"知己知彼,百战不殆",即认识了自己以后还要充分分析自身所处的环境。职业人所处的环境是纷繁复杂的,我们所讲的环境主要指对职业选择、职业价值观、职业认知有影响的方面,主要包括家庭环境分析、学校环境分析、地区环境分析、行业环境分析等。

3. 目标定位

根据自己的主、客观分析,结合环境分析,通过霍兰德"人职匹配理论",撰写人可以设定自己的职业目标。可以再次使用SWOT分析法,重点分析自己在所定目标前所具备的优势、存在的劣势、潜在的机遇、面临的挑战,从而为自己确定目标、实施目标找到差距,不断努力和弥补。目标定位中一个重要的部分就是要对各个职业路径中的具体岗位进行任职要求分析,从而明晰各个任职岗位要求,为后来的计划实施奠定基础。

4. 计划实施

目标确定后就是计划实施了,计划实施包括目标分解和计划实施两部分,首先通过调研、分析,将总目标进行分解,找到自己合适的职业路径。将自己的目标实施步骤分为短期目标、中期目标和长期目标,每个目标岗位间都存在递进的关系,前面的目标岗位是后面的目标岗位的基础,后面的目标是前面的目标岗位的提升。

5. 评估调整

任何计划都有不确定性,既然是计划那就有可能在实施的过程中受到各种因素的影响而失败,一份完整的生涯规划书还包括计划评估和调整,内容主要包括评估时间间隔、评估方法、备选职业等方面。

二、职业生涯规划书的撰写技巧

1. 基本信息清晰,职业路径明了

一份职业生涯规划书,首先要让读者看到你的基本信息,这些基本信息包括你的姓名、年龄、专业、学校、职业最终目标、职业路径、职业规划年限等方面,这些应该在规划书的扉页都能够体现出来,让读者清晰明了,阅读正文之前就心中有数。

2. 主观分析和客观分析结合,全面了解自我

在自我分析阶段,需要科学合理地评价自己。首先是自我评估。除此以外,他人的评价必不可少,如360度分析等。同时可以借助职业测评工具,目前用得最广泛的是霍兰德职业兴趣测试和MBTI测试。因为测评工具本身的可信度就有一定的争议性,所以我们只能把它作为自我认知的一个辅助工具,不能完全依赖测评工具。同时自我认知

的结尾需要有对自己的总评价,评价结果需和后面的目标确定是有因果逻辑关系的。充分使用霍兰德的"人职匹配"理论,作为设定职业目标的理论基础。

3. 环境分析突出重点,分析围绕主题

环境分析要有重点。环境范围很广,从严格意义上来讲,个体以外都可以称之为环境。职业生涯规划的环境分析,主要包括家庭环境、学校环境、地域环境、行业环境等,所以环境分析主要就是围绕这些方面展开。

4. 分析内容要围绕目标设定而展开,且要有因果逻辑关系

如家庭环境分析,有人分析家住哪里、家庭基本信息等无关紧要的话,实际上要通过家庭分析,得出家庭环境为职业目标设定产生一定的影响或熏陶,家庭环境为职业目标的实施提供一定的便利条件。比如,来自农村家庭,父母吃苦耐劳的精神从小就熏陶了自己,或者家庭教育对后天职业道德的培养起到了一定作用。对于学校环境分析,有人分析说学校地处什么地方,学校的环境怎么样,是一个什么样的学校,但规划书里的学校分析主要是分析学校的专业建设、课程设置、实训设施设备等优质教学资源、为学生职业能力提升提供的帮助。地域分析和行业分析,也是围绕自己的职业目标,为职业目标的确定做铺垫。

5. 目标确定合适,岗位要求明确

在确定职业目标方面,首先要根据自我分析和环境分析找到一个职业的契合点。这个点就是你的职业目标,在选定目标时注意目标高低要适宜。目标切忌过高或者过低,高了难以实现就变得好高骛远,低了太容易实现也没有价值成就感。所以要目标适中,脚踏实地,可操作性强。确定目标时,生涯人物访谈是一个很好的参考途径。通过访谈,行业内的精英通过对你的基本情况分析,再结合自己的成功之路,给你提出一些建议,如职业路径的选择等等。确定了职业目标和职业路径后,通过一些方法或手段,如访谈、人才市场调研等了解各个职业阶段对职业人的基本要求,这样才能做到心中有数,对照自己目前的实际情况,找到差距,在哪些方面需要努力,为后面的计划实施做好准备。

6. 目标分解合理,实施操作性强

在目标分解中,主要将自己的规划年限分成短期目标、中期目标和长期目标。短期目标主要包括在校期间的学习计划、专业实践计划、就业能力提升计划以及初为职业人的一些职业能力提升、职业认知等。其中最重要的技巧是要向别人展示个人为了实现短期目标所做的努力,包括学习成绩、社团活动、职业技能竞赛、社会实践等。制定中期目标和长期目标需和职业路径里各个职业岗位分析结合,找出自己的差距所在,对应提出相应的实施计划,如学历继续教育、职业技能提高、管理经验提升等。撰写过程中要能够清楚地表述下一层的职业岗位经过撰写人的努力,再进一步符合上一层职业岗位的要求,从而慢慢实现自己的职业规划。

7. 确定评估时间,合理评估反馈

评估的原则是什么,或者为什么要进行评估,评估的主要撰写方法和手段是什么,在计划实施的过程中遇到阻碍如何解决,如何确定备选方案,等等,这些问题都要认真

思考然后慎重地写进职业生涯规划书。最好写清楚不同时期的备选方案,备选方案要和本来的职业目标有一定的关联性。

总之,大学生职业生涯规划书是大学生职业规划的外在表现形式,大学生在撰写的时候,要通过各种分析手段,充分分析自我,充分认识环境对自己职业的影响,为实现自己的职业梦想规划宏伟蓝图。

三、撰写职业生涯规划书的注意事项

以上内容就是一份完整的职业生涯规划书所包含的内容,但是怎样才能做好一份职业生涯规划书呢?一份好的职业生涯设计书,应该做到步骤齐全、表述清楚、图文并茂、分析到位、目标明确、阶梯分明、措施具体,操作性强,富有真情实感。

(1)步骤齐全。通常而言,一份完整的规划书应包含以下几个步骤:前言、确定目标、自我分析、环境分析、未来人生职业规划、结束语等。

(2)表述清楚。在书写职业生涯规划书的时候,很多同学表述得不够准确,或者语言不通,或者太过累赘,让人看了不知所云。

(3)图文并茂。我们经常看到很多生涯规划书有很多图片、鲜艳的字体,看起来让人觉得很丰满、很充实,但仔细看看,插图与文字表述并没有很紧密的联系,只是为了好看而已,那就失去了其本身的意义,所以还是建议同学们不用或少用插图,文字是用来描述你的规划书的重要组成部分,适当的修饰会让人认为你的规划书重点突出、内容充实,但是过分地去装饰就显得有点多余,给人一种华而不实的感觉。

(4)职业生涯规划设计要与自己的个人性格、气质、兴趣、能力特长等相结合,充分发挥自己的优势,扬长避短。许多同学写的职业生涯规划书,在自我分析时,存在很多的问题。因此在进行自我分析时,要注意以下两点:

①在进行性格分析时常常见到的是分析缺乏依据,大篇幅地写自己的优势与不足,那么你性格的这些优势与不足是你自己的认识与感觉,还是通过科学的测评得到的结果,只有通过正确的手段分析出来的我,才会更加符合自己的实际情况。否则,会给人一种闭门造车、不切实际的认识。而对于影响你职业生涯的性格弱点,你准备怎样去克服?要有一个明确的计划,不要让弱点成为你成长中的绊脚石。你的兴趣是什么?在进行职业生涯规划设计时应适当考虑自己的兴趣与爱好。如果一个人对某种工作产生兴趣,他在工作中就会具有高度的自觉性和积极性,在工作中做出成就;反之,一个人对工作没有兴趣,就不可能将自己的精力投入到工作中去,也就不可能在工作中取得很大的成功。但要注意的是,兴趣爱好也并不总起着正向的驱动作用,有时它也是一种耗散力,比如说与未来职业发展无关的兴趣爱好。这就要求我们在职业生涯设计时,对自己的兴趣爱好要有客观的分析。

②你的优势和特长是什么?有哪些拿得出手的能力?对于自己欠缺的能力,应该怎样去做?按照自己的能力特长进行职业生涯设计是我们要特别注意的问题,因为任何一种职业都需要一定的能力,不同职业有不同的能力要求。能力特长对职业的选择起着筛选作用,是求职择业以及事业成功的重要保证。所以我们应对自己的能力特长有正确的自我认知和评价,根据自己的真才实学和能力特长进行职业生涯规划设计。

（5）在环境分析时，抓不住重点，应该准确地分析自己的学习环境、家庭环境、职业环境情况，通过这些分析，让人一目了然地知道你的职业目标实现起来应该是可行的。

（6）目标明确。一份好的职业生涯规划书很重要的一点就是有明确的目标，不管是在前言中直接提出，还是在分析中顺水推舟得体地提出，都要有一个明确的目标，很多同学的规划书，都存在这种情况，洋洋洒洒几千字的规划书，自始至终找不到他的职业目标，那么你的规划书还有意义吗？

（7）阶梯分明，措施具体，操作性强。经过自我分析与环境分析后，就要说明你通过怎样的努力来实现你的职业目标了。有些同学只是写了近两三年的学习目标，那是远远不够的，要写到就业阶段、目标实现阶段，以及在每一阶段自己要做哪方面的努力、实现的目标，最终很轻松地实现自己的职业目标。

（8）富有真情实感，看看最近几年全国职业生涯大赛获奖作品，有些虽然没有华丽的辞藻、完整的步骤、精美的图片，但是因为他们有真情实感，文章有血有肉，具有很强的操作性，经过努力奋斗就能实现自己的职业目标，虽然没有完整的步骤，但仍然是一份很好的职业生涯规划书。

总之，一份好的职业生涯规划书，对我们的职业生涯起着不可估量的作用，所以，我们有必要在学校有的放矢地做好自己的生涯规划，这样才能成就自己辉煌的职业生涯。

知识拓展

职业生涯规划书参考模板

课后练习

（1）仔细地对自己做SWOT分析和评估。

（2）根据自身特点，结合自身实际，如实撰写一份职业生涯规划书。

小组讨论

王同学毕业于某高等职业院校，专业是财务管理，大学期间她给自己制定的职业生涯目标是找到一份专业对口的工作，毕业后她先后在两家公司从事财务相关工作，可是工作了三年后，她觉得每天上班都是一件很煎熬的事情，工作压力大，加班多，没有发展前景，她很想辞职但是又不知道该干什么。

问题一：王同学该不该选择辞职？为什么？

问题二：如果王同学选择辞职，该如何重新规划自己的职业生涯？

第四章　大学生就业形势与政策

本章要点 ○

（1）了解目前大学生就业的总体形势和高等职业院校毕业生就业优势和劣势。

（2）理解促进大学毕业生就业的相关政策。

（3）掌握分析就业形势、用好就业政策，理性面对就业挑战。

PPT

第一节　大学生就业形势

识时务者为俊杰，通机变者为英豪。

——晏子

案例导入 ○

教学视频4-1

小陈同学的故事

一、正视当前大学生就业形势

1. 总量继续攀升

自1999年起，伴随我国高等教育招生规模的连续扩大，毕业生的人数以20%～30%的幅度逐年递增。经教育部统计，2019年高校毕业生已经达到了834万，如图4-1所示，求职人数再创历史新高。在目前的经济形势下，2019年大学生就业形势更严峻。

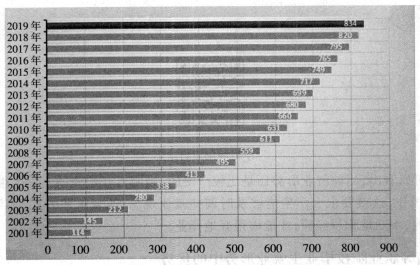

（单位：万人）

图 4-1　2001—2019 年全国普通高校毕业生人数趋势

2. 就业岗位供给不足

按经济年增长 6%～7% 计算，我国每年可新增 600 万左右的就业岗位，加上补充自然减员，可实现就业岗位 800 万到 1000 万。自 2006 年以来，16 岁以上人口增长达到顶峰，劳动力资源增量每年有 1700 多万人（含高校毕业生）。其中，城镇新成长劳动力达 900 万人，下岗待业人员不低于 460 万人，城镇登记失业人员有 840 多万人，按政策需在城镇安排就业的退役军人和农村劳动力约 300 万人。自 2007 年以后，每年全国城镇需安排就业总量约 2500 万人，但社会能提供的就业岗位大约只有 800 万～1000 万，劳动力供大于求，就业岗位缺口达 1400 多万。

3. 就业结构性失衡现象明显

大学生就业结构性失衡现象比较严重，主要表现在以下几个方面：

（1）地区失衡。毕业生仍以流向大中城市、东南沿海发达地区和一些省会城市为主，而一些西部边远省区及经济相对落后的地区则较少有人问津。

（2）学历失衡。劳动力市场对于不同学历层次毕业生的需求与学校培养仍存在着一定的差距。在人才市场上，对研究生的需求较大，本科生供需基本持平，专科生供大于求。

（3）学科专业失衡。据相关统计资料显示：有十类专业毕业生的需求量最大，分别是市场营销、机械设计与制造、电气工程及自动化、信息与电子、建筑、管理、计算机应用、经济学、英语、医药卫生；而财会、文艺、体育、文秘、教育等专业供大于求的态势比较明显。总体来讲，文科专业与理科专业相比就业形势更不容乐观。

（4）就业渠道向非公有制单位转变。目前，中小企业已经成为吸纳毕业生的主体。传统的大学生就业渠道已经发生了变化，实现了由原来的国企和政府部门就业向非公有制单位就业的转变。虽然毕业生报考公务员出现前所未有的热潮，但最终录取的还是占极少数。

范例一

小梅的求职启示

综上可以看出,当前就业形势还是比较严峻的,刚刚离开学校的大学生很难立即找到理想的工作,这就要求大学生能够及时调整就业观念,改变求职方式,多渠道就业,只有先就业,不断地积累经验,才能够很好地择业。

二、高等职业院校毕业生就业形势中的优势

1. 高等职业教育发展的国民经济背景优势

按照目前我国高等教育功能划分,我国高等学校可分为研究型、教学研究型、教学型和技能教学型四大类。高等职业院校属于技能教学型,其社会服务的特征与高等职业教育的特征密不可分。高等职业教育具有鲜明的区域性和行业性特征,主要任务是向区域和行业提供技术应用型和高技能型人才。20世纪后半叶科学技术飞速进步,产业结构和技术结构的升级,直接导致了技术应用型人才的广泛而迫切的需求,高等职业教育的应运而生正是人类社会生产力发展的一种必然结果。科学家们在展望21世纪的科学发展与技术进步时,都认为技术在新世纪中将会有难以估量的蓬勃发展,尤其是高新技术的产业化将给技术应用型人才提供更加广阔的施展才华的舞台。高等职业教育以培养技术应用型人才为根本任务,而技术性人才是我国经济社会保持可持续发展的重要保证。当前,我国提出建设创新型国家的战略目标,这将进一步推动高等职业教育的大发展。从总体上看,随着我国经济社会的发展,高等职业教育的质量和水平将有较大的提高,应用型研究和开发的功能将逐步强化,师资水平尤其是实践能力将有较大提高,管理体制改革也将进一步深化,由此进入一个持续稳定发展的新时期。

2. 高级技能型岗位的严重空缺

高级技能型人才过去被称为"灰领",显然是因为这一类型的人才介于决策管理型的"白领"和操作执行型的"蓝领"之间,但是在今天,高技能型人才则越来越被称作"银领",大有超越"白领"直逼"金领"之势,并且这一趋势也愈加为全社会所认识。一般认为,高技能人才是指在生产和服务等领域一线岗位上熟练掌握专门知识和技术,具备精湛的操作技能,在生产和关键环节发挥中流砥柱的作用,能够解决生产操作难题的人员。其主要包括获得国家职业资格证书的高级工、技师、高级技师或具备相应技能水平和职业资格的劳动者。

在我国经济相对发达地区,如长江三角洲和珠江三角洲经济圈,许多企业都曾经开出过万元月薪,但都没能招到高级技工。2013年3月,为了招到能够驾驭新型进口仪器的机修工人,成都一家企业开出了月薪15000元的优厚条件,但前来应聘且符合条件的寥寥无几。因为长期找不到合适技工,浙江一家企业不得不开出相当于高级职业经理人的高额薪水,但最终聘请到的"救火队长"却还是外籍技师,这就是我国"技工荒"浪潮中的一个缩影。

据人力资源和社会保障部人士介绍,当前,我国技能劳动者占从业人员总量比重较低,全国技能型劳动者总量占全国城镇从业人员的42%,与主要发达国家技能型劳动者占从业人员总量的接近60%相比,还有非常大的差距。技能劳动者结构也不尽合理,特别是高级技能型人才比例仍然偏低,我国高级工以上技能劳动者(包括技师和高级技师)占总量的30%,与发达国家高技能劳动者比例一般为36%相比,还存在一定的差距。特别是制造、加工等传统产业和电子信息、航空航天等高新技术产业以及现代服务业领域,高技能人才尤为短缺。

2008年原国家劳动与社会保障部和国家统计局选取了有一定代表性的2000多家国有企业作为样本库,对其进行的抽样调查结果都印证了一点:企业技师、高级技师年龄偏高,46岁以上的超过40%,青年高技能人才严重短缺。随着老一辈高技能人才的逐渐退休,许多企业原本就稀缺的高技能人才后继乏人,有的已出现断代。

技工特别是技师人才的短缺成为制约企业和经济发展的瓶颈。有"皮鞋产业之都"美誉的四川省双流县拥有超高日产量的生产能力,但由于高级技工短缺不得不忍痛放弃部分高附加值的订单,导致了不少利润流失。

与我国技工短缺的现实相对应的是,我国目前企业产品平均合格率只有70%,不良产品造成的损失每年近2000亿元。专业人士认为,这与高级技工的紧缺直接相关,产业工人的素质直接影响产品的质量、事故发生率和科技成果的转化率,而且技术创新也将更多来自于基层尤其是一线技工的实践,那些亲身参与实践的一线技术工人、高级技术工人是技术自主创新的重要源泉。

3. 高等职业教育的特色优势

(1)高职人才培养模式。目前我国高等职业院校根据社会对高技能人才的迫切需求,培养的是"具备基础理论知识,有较强的实际操作能力"的应用性技能型人才,毕业即达到职业岗位的综合素质要求。

(2)高等职业院校毕业生的知识结构。高等职业院校的职业教育模式就是:按人才成长规律设置专业,紧跟市场和社会的需求,国家经济产业发展与调整需要什么专业就开设什么专业,以用人单位职业岗位的知识与能力要求规划课程体系和实习实践计划,把基本技能与应用能力的培养培训塑在突出的位置,让毕业生在就业岗位上会干事、能干事、还能干成事。

(3)高等职业院校毕业生的心理预期。高职学生很清楚自己的市场价值定位,他们一般比较务实,心理预期接近市场,很少有好高骛远的想法。

因此在求职大潮中,高等职业院校的毕业生一般有三个主要方向:面向西部、面向基层、面向中小微私营企业。这就显示了他们的优势所在。

(4)企业对高等职业院校毕业生的需求优势。企业的长远发展除了需要高级专门人才外,还需要更多高素质的普通岗位的技术应用型人才,即企业需要用得上、用得起、留得住的人才。高等职业院校的培养目标正是定位在培养高级技术应用型人才的社会需求上,因而高等职业院校毕业生在就业时具有较为明显的优势。

三、高等职业院校毕业生就业形势中的劣势

高等职业院校毕业生在求职者大潮中还是相对处于劣势地位,其就业存在一定的不利因素。影响高等职业院校毕业生求职就业的不利因素主要有以下几点:

1. 我国职业教育体系本身存在的制约和不足

高等职业教育从建立、发展到今天不过短短的十几年,与普通高等教育相比,在社会认可度方面存在着相当的差距。普通高等教育注重基础理论知识的讲授;相比之下,注重实践、强调操作、面向基层劳动一线的高等职业教育则被看成"二等教育"。

(1)高等职业教育是我国高等教育发展中的一个新类型,具有明显的中国特色和时代特征,它既有高等教育的属性,又有职业教育的特色。在中国高等教育领域中,"学术型"教育长期以来一直是人才培养的唯一模式,许多人在思想观念上一直将其视为正宗,而对其他教育模式持怀疑态度。

(2)高等职业教育是近年来的新生事物,起步晚,底子薄,理论与实践经验不足,没有形成系统而科学的高职人才观和高技能人才培养模式和体系。相对于社会主义现代化建设对于技术技能型人才的巨大而迫切的需求,目前我国高等职业院校的办学理念、师资力量、基础能力、人才培养质量都是远远不能适应的。

(3)政府和教育主管部门对高等职业院校的设置审批不严。一些中专都办不下去的学校竟然可以改头换面升为高等职业院校或二级学院,因而社会普遍怀疑其办学实力,从而对高等职业教育、高等职业院校学生缺乏了解,常常片面地认为高等职业院校是最低级的学校,高职学生是素质最差的大学生,更有甚者,根本就不认可其大学生的身份,使高等职业教育没有作为高等教育体系一部分的"名分"。

2. 传统社会价值观对技术型人才和技能型岗位的忽视

《中国青少年发展报告》显示,现今我国只有4%的青年愿意当技术工人,而成为企业家和政府官员是绝大多数年轻人的追求和梦想。这表明我们的社会观念存在很大的偏倚。几千年来,我们的文化形成了"劳心者治人,劳力者治于人""学而优则仕"等观念,唯仕唯学、重仕轻工、重学历轻技能。人们普遍认为,只有管理岗位才能算作人才,而从事体力劳动的工人,即使是技术工人也不能称之为人才,社会地位较低。这种扭曲的价值观念是导致我国技术型人才严重短缺的思想根源和社会根源。这种观念深深植根于中国社会和中国人的心里,并影响了教育与就业的选择。

社会急速变革之中,新旧价值观的相互碰撞日益形成对财富的极度崇拜和热烈追捧,导致人们忽视和轻视创造财富的劳动。在社会转型过程中,对知识的极度渴求日益演变成为对学历的极度崇拜与盲目追求。家长普遍希望自己的子女接受高等教育而不是职业教育,他们认为成绩好的孩子读大学,毕业之后能当干部从事管理工作;相反,

成绩差的学生才进入职业学校学习,毕业后也只能进工厂企业当基层职工。企业中,青年工人自己也普遍存在着轻视职业生产技术技能的心理,有偏重社会实用性知识的倾向,不少青年工人希望通过学历教育的提升改变自己的工人身份,转入管理岗位。这种倾向使得鲜有青年工人主动钻研技术,导致了技能人才年龄断层。

3. 高职学生在求职择业过程中存在的思想误区

高职学生群体中普遍存在的错误的思想有:一是"等、靠、要"的依赖思想很普遍;二是急功近利、片面强调待遇、忽视发展;三是把自己定位在大学专科生层次上,在就业时以大学生自居,认为岗位必须与自己的身份相匹配,待遇要与自己的名声相匹配,择业进程中的攀比、不平衡、自卑和自负都为就业提高了心理门槛。

高职学生在求职时容易走进的误区也有三个:一是高成本、高回报。同学们包括家长们的普遍认识是"与那些没有上过大学就外出打工的初中、高中同学相比,人家每月能挣两三千元,混得好的月薪可能会有五六千元,我虽然成绩不算很好,但也算是大学生,上学让我付出了时间,家里还负担了那么多的学费和生活费,理所当然收入应该比那些没有接受过高等教育的高"。二是大城市、大舞台、大发展。许多高职学生择业时总喜欢盯着国有大型企业、大城市和经济发达地区,很少考虑各级各类人才急缺的基层或经济欠发达地区,不愿到乡镇企业或小微私营企业去工作。三是一定要一个"正式"的工作,比如进入事业单位做管理工作,到政府机关或部门当公务员等传统思想中既稳定又有保障的工作,或者把成为城市人、单位人、体制内的人作为个人职业生涯成功的标准。但现实情况却是,很多企业提供的都是临时的工作岗位,不能解决户口,也不一定稳定,这就要求我们转变择业观念。

基于以上原因,在我国的人力资源市场上时常出现这样的一幕:一方面,毕业生感叹就业难;另一方面,用人单位也抱怨找一个合适的新员工难。

知识拓展

我国用人单位的类别

第二节　大学生就业制度与政策

不以规矩,不能成方圆。

——孟子

案例导入

教学视频 4-2

教育部：2018 年全国 820 万大学生
毕业就业形势严峻

一、我国就业制度的演变

改革开放之后，中国就业制度变迁，大致经历了以下几个阶段：

1978—1981 年：政府"统分统配"阶段。20 世纪 70 年代末，中国出现了"知青"回城潮，由于就业制度的"统分统配"，造成大量回城"知青"及应届毕业生无法就业。1980年，中央明确提出实行劳动部门介绍就业、自愿组织起来就业和自谋职业相结合的"三结合"就业方针。1981 年国家劳动总局和国务院知青办合署办公，成立教业司，统管知青工作的遗留问题。

1982—1991 年："双轨"就业阶段。1984 年中共十二届三中全会首次提出"社会主义有计划商品经济体制"，中国的就业制度自此进入"双轨"阶段，体制内计划调控与体制外市场调节相结合的就业制度便应运而生，其主要内容包括"三结合"就业方针、劳动合同制、农业富余劳动力就业政策等。1989 年国务院批准原教委《高等学校毕业生分配制度改革方案》，实行双向选择，高校毕业生就业走向市场化，之后基本全部按此模式就业。

1992—2005 年：逐步建立市场导向就业机制阶段。以 1992 年 10 月中共十四大确立的社会主义市场经济体制改革目标为标志，中国就业制度开始进入市场导向型就业机制阶段。1993 年 2 月中共中央、国务院颁布《中国教育改革和发展纲要》，改革统包统分，少数毕业生由国家安排就业，多数学生自主择业。期间，针对国企改革出现的下岗问题，1998 年提出了"要建立和完善市场就业机制"，实行劳动者自主择业、市场调节就业和政府促进就业的方针。到 2005 年底，"市场导向就业机制"基本确立。2000 年教育部将"就业派遣证"改为"就业报到证"，这标志着高校毕业生就业基本实现了"双向选择、自主择业"的就业模式。

2006 年至今：完善市场就业机制。中共十六届六中全会提出"实施积极的就业政策，发展和谐劳动关系"。同时，要求健全再就业援助制度，全面实行劳动合同制度和集体协商制度，完善劳动关系协调机制，加强劳动保护，维护劳动者的合法权益。2007年，我国专门制定了《就业促进法》，形成了较为完整的就业促进工作体系，这成为中国就业制度变迁的一个重要里程碑。国务院多次强调、明确"市场导向、政府调控、学校推荐、双向选择"的就业政策，真正实现了"以市场机制为主导"的人才资源配置机制。

二、我国现行的就业政策

党的十九大报告提出：就业是最大的民生。要坚持就业优先战略和积极就业政策，实现更高质量和更充分就业。大规模开展职业技能培训,注重解决结构性就业矛盾,鼓励创业带动就业。提供全方位公共就业服务,促进高校毕业生等青年群体、农民工多渠道就业创业。破除妨碍劳动力、人才社会性流动的体制机制弊端,使人人都有通过辛勤劳动实现自身发展的机会。完善政府、工会、企业共同参与的协商协调机制,构建和谐劳动关系。

坚持按劳分配原则,完善按要素分配的体制机制,促进收入分配更合理、更有序。鼓励勤劳守法致富,扩大中等收入群体,增加低收入者收入,调节过高收入,取缔非法收入。坚持在经济增长的同时实现居民收入同步增长、在劳动生产率提高的同时实现劳动报酬同步提高。拓宽居民劳动收入和财产性收入渠道。履行好政府再分配调节职能,加快推进基本公共服务均等化,缩小收入分配差距。

2017年4月19日,国务院印发《关于做好当前和今后一段时期就业创业工作的意见》(以下简称《意见》)指出:"就业是13亿多人口最大的民生,也是经济发展最基本的支撑。党中央、国务院坚持把就业放在经济社会发展的优先位置,强力推进简政放权、放管结合、优化服务改革,营造鼓励大众创业、万众创新的良好环境,加快培育发展新动能,就业局势保持总体稳定。但也要看到,当前经济社会发展中还存在不少困难和问题,部分地区、行业、群体失业风险有所上升,招工难与就业难并存的结构性矛盾加剧,新就业形态的迅速发展对完善就业政策提出了新要求。面对就业形势的新变化和新挑战,必须把就业作为重中之重,坚持实施就业优先战略和更加积极的就业政策,坚决打好稳定和扩大就业的硬仗,稳住就业基本盘,在经济转型中实现就业转型,以就业转型支撑经济转型。"《意见》提出了五个方面的政策措施。

一是要坚持实施就业优先战略。促进经济增长与扩大就业联动,促进产业结构、区域发展与就业协同,发挥小微企业就业主渠道作用。缓解重点困难地区就业压力,促进资源型城市转型发展,实施替代产业培育行动计划,扶持劳动密集型产业、服务业和小微企业发展。补齐基础设施短板,加大对商贸流通、交通物流、信息网络等建设和改造项目的倾斜力度,完善公共服务设施,实施西部和东北地区人力资源市场建设援助计划。

二是要支持新就业形态发展。支持新兴业态发展,以新一代信息和网络技术为支撑,加强技术集成和商业模式创新,推动平台经济、众包经济、分享经济等创新发展。要完善适应新就业形态特点的用工和社保等制度,支持劳动者通过新兴业态实现多元化就业,从业者与新兴业态企业签订劳动合同的,企业要依法为其缴纳职工社会保险,符合条件的企业可按规定享受企业吸纳就业扶持政策。

三是促进以创业带动就业。优化创业环境,持续推进"双创",全面落实创业扶持政策,深入推进简政放权、放管结合、优化服务改革。深化商事制度改革,全面实施企业"五证合一、一照一码"、个体工商户"两证整合",部署推动"多证合一"。发展创业载体,加快创业孵化基地、众创空间等的建设,试点推动老旧商业设施、仓储设施、闲置楼宇、过剩商业地产转为创业孵化基地。整合部门资源,发挥孵化基地资源集聚和辐射引领作用,为创业者提供指导服务和政策扶持。

四是要抓好重点群体就业创业。鼓励高校毕业生多渠道就业,实施高校毕业生就业创业促进计划,健全涵盖校内外各阶段、就业创业全过程的服务体系,促进供需对接和精准帮扶。稳妥安置化解钢铁煤炭煤电行业过剩产能企业职工,鼓励去产能企业多渠道分流安置职工,支持企业尽最大努力挖掘内部安置潜力,对不裁员或少裁员的,降低稳岗补贴门槛,提高稳岗补贴标准。健全城乡劳动者平等就业制度,农村转移劳动者在城镇常住并处于无业状态的,可在城镇常住地进行失业登记。完善就业援助长效机制,全面落实各项扶持政策,促进结构调整、转型升级中的失业人员再就业。促进退役军人就业创业,认真做好军队转业干部安置工作,大力扶持自主择业军队转业干部就业创业,积极开展就业服务、职业培训、创业孵化等服务活动,按规定落实相关扶持政策。

五是要强化教育培训和就业创业服务。提高教育培训质量,坚持面向市场、服务发展、促进就业的人力资源开发导向,着力化解就业结构性矛盾。完善职业培训补贴方式。强化公共就业创业服务,着力推进公共就业创业服务专业化,合理布局服务网点,完善服务功能,细化服务标准和流程,增强主动服务、精细服务意识。推进人力资源市场建设,加强人力资源市场法治化建设,逐步形成完善的市场管理法规体系。

近年来,中央各有关部门出台了多个引导和促进高校毕业生就业的专项政策,包括:团中央、教育部等四部门从2003年起实施的"大学生志愿服务西部计划";中组部、原人事部、教育部等八部门从2006年开始实施的"三支一扶"(支教、支农、支医和扶贫)计划;中组部、教育部等四部门从2008年起实施的"选聘高校毕业生到村任职工作"计划;2009年国务院办公厅发布的《关于加强普通高等学校毕业生就业工作的通知》;科技部、教育部、人力资源和社会保障部、公安部等部门分别出台的《关于鼓励科研项目单位吸纳和稳定高校毕业生就业的若干意见》《关于继续组织实施"农村义务教育阶段学校教师特设岗位计划"的通知》和《关于普通高等学校毕业生应征入伍服义务兵役办理就业手续有关问题的通知》等政策,提出了不少引导和促进毕业生就业的优惠政策。

1. 鼓励高校毕业生到基层、到中西部地区就业

(1)对到农村基层和城市社区公益性岗位就业的,给予社会保险补贴和公益性岗位补贴;对到农村基层和城市社区其他社会管理和公共服务岗位就业的,给予薪酬或生活补贴。

(2)对到中西部地区和艰苦边远地区县以下农村基层单位就业并履行一定服务期限的,由政府补偿学费,代偿助学贷款。

(3)对有基层工作经历的,在研究生招录和事业单位选聘时优先录取。

(4)对参加"选聘高校毕业生到村任职""三支一扶"(支教、支农、支医和扶贫)、"大学生志愿服务西部计划""农村义务教育阶段学校教师特设岗位计划"等项目的,给予生活补贴,按规定参加社会保险;项目服务期满并考核合格的,报考硕士研究生初试总分加10分,高职学生可免试入读成人本科;今后相应的自然减员空岗全部聘用参加项目服务期满的高校毕业生。

2. 鼓励高校毕业生应征入伍服义务兵役

(1)由政府补偿学费,代偿助学贷款。

(2)在选取士官、考军校、安排到技术岗位等方面优先。

（3）退役后参加政法院校为基层公检法定向岗位招生考试时，优先录取。

（4）具有高职学历的，退役后免试入读成人本科；或经过一定考核，入读普通本科。

（5）退役后报考硕士研究生初试总分加10分；荣立二等功及以上的，退役后免试推荐入读硕士研究生。

3. 积极聘用优秀高校毕业生参与国家和地方重大科研项目

高校毕业生在参与项目研究期间，享受劳务性费用和有关社会保险补助，户口、档案可存放在项目单位所在地或入学前家庭所在地人才交流中心。聘用期满，根据需要可以续聘或到其他岗位就业，就业后工龄与参与项目研究期间的工作时间合并计算，社会保险缴费年限连续计算。

4. 鼓励和支持高校毕业生到中小企业就业和自主创业

（1）对企业招用非本地户籍的普通高校专科以上毕业生，各地城市应取消落户限制（直辖市按有关规定执行）。

（2）为到中小企业就业的高校毕业生提供档案管理、人事代理、社会保险办理和接续等方面的服务。

（3）从事个体经营符合条件的，免收行政事业性收费并享受国家相关扶持政策。

（4）登记失业并自主创业的，如自筹资金不足，可申请10万元小额担保贷款；对合伙经营和组织起来就业的，可按规定适当提高贷款额度。

（5）参加创业培训的，按规定给予职业培训补贴。

（6）灵活就业并符合规定的，可享受社会保险补贴政策。

5. 强化对困难家庭高校毕业生的就业援助

（1）就业困难和零就业家庭的高校毕业生，享受公益性岗位安置、社会保险补贴、公益性岗位补贴等就业援助政策。

（2）机关、事业单位免收招聘报名费和体检费。

（3）高校可根据实际情况给予适当的求职补贴。

（4）对离校后未就业回到原籍的高校毕业生，由各地公共就业服务机构免费提供就业服务并组织就业见习和职业技能培训。

知识拓展 ○

教育部关于做好2019届全国普通高等学校毕业生就业创业工作的通知

四川省大学生就业创业扶持政策清单（2018年·学生版）

高校毕业生就业创业政策百问（2018年版）

第三节　大学毕业生应对策略

年轻人刚踏入社会之时，不要东挑西挑，任何工作都可以做，都有前途；特别在企业界，只要你努力学，一年就可以得其要领，而三年有成，可以一展雄才大略。

——王永庆

案例导入

小李的求职问题

一、认清就业形势，把握就业机会

当代大学生应理性看待当前就业形势，把握社会发展的趋势。由于当前一些学校和媒体过分渲染就业形势的严峻性，而某些大学生不假思索地全部吸收，导致大学生就业信心不足。其实，我国不断发展的经济给大学毕业生带来了一些新的机遇和条件，面对这些机遇和条件，大学生应积极把握，同时又要理性选择，切忌盲目跟风。因此，广大毕业生应全面冷静地分析自身情况和社会发展趋势，调整心态，不断充实自己，把握每次就业机会。从长期来看，我国的经济仍处于上升阶段，对人才的需求不会减少。但短期内由于受全球整体经济相对低迷的影响，我国经济增长速度势必放缓，对于人才的需求会有所减少，所以当前就业形势依然严峻。

二、端正就业观念，树立正确的就业观

大学毕业生求职择业是一个极其复杂的心理过程，基于传统和现代择业观的影响，当今许多大学毕业生感到无所适从。传统的择业观一般要求毕业生要谦虚，甚至给求职者带来"己不如人"的心理，在工作中谨小慎微，不断示弱，这种"委屈求低"的就业观埋没了自己潜在的优势，甚至会抑制人的思维活动、创新活动等。现代择业观一般鼓励人们要相信自己，"我的未来我做主"，由此产生了一种"盲目趋高"的就业心理这种虚荣攀比心理，使得学生们很少从实际出发，使得学生不根据自己的实际情况思考，一心追求大城市、高报酬、大企业，对于不合意的单位则果断拒绝，这在一定程度上也造成了就业难题。我们必须摒弃就业中的"盲目趋高"和"委屈求低"的心理，对自我进行正确的认识和评价，树立科学的就业观。

范例二

小金该怎么做呢?

三、提升个人素质,增强就业能力

大学生除了要认清形势,用好政策,端正就业观念之外,还要注重提升个人素质,增强就业能力。大学生在校期间不仅要着力夯实专业基础,提高专业能力,也要重视通用能力的培养,培养自己处理信息的能力、人际沟通能力、团队协作能力、组织协调能力、执行能力等,只有这样,才能在激烈的求职竞争中获得更多的机会。

范例三

"专升本"学生的一种就业现象

知识拓展

社会保险相关知识

课后练习

(1)要毕业了,看看自己值多少钱?

现在,分析各种自我因素并给出定价,来看看自己值多少钱。

这些因素包括个人现有的,也包括拟求职岗位要求具备的。比如,诚信估价100元,能力估价200元,英语估价300元,经验估价300元。通过盘点自己的各种知识、专业技能、职业能力、各种奖学金、荣誉称号、工作经验等,在表4-1中具体列出,然后把它们加起来。然后在网上搜索一下,根据自己的求职目标,分析行业和职位的大致薪酬行情,最后的数字就是你求职时的参考"价格"。

表4-1 各种自我因素的估价

各种自我因素	估价(正、负)	与同学相比,竞争力情况
专业技能		
职业性格		
专业知识		

（续表）

各种自我因素	估价（正、负）	与同学相比，竞争力情况
工作经验		
思想品德		
职业能力		
荣誉称号		
特长优势		
合计		

（2）收集整理我国最近几年出台的鼓励毕业生到基层就业的资料。

（3）通过网络查找并学习参军入伍的具体报名流程。

小组讨论

（1）国家就业制度和政策对高校毕业生的主要影响体现在哪些方面？

（2）我们应该如何看待现在的高校毕业生就业形势？在现在的就业形势下应当如何发挥自己的优势并转化劣势？

第五章　求职前准备

本章要点

（1）理解求职准备的意义和作用。

（2）熟悉求职前的各项准备。

（3）通过本章的学习，帮助应届生扫清就业过程中的各类障碍，提高就业成功率。

PPT

第一节　思想心理准备

我们的生活就像旅行，思想是导游者，没有导游者，一切都会停止，目标会丧失，力量也会化为乌有。

——歌德

案例导入

教学视频 5-1

求职失败的小丽

一、树立正确的就业观和择业观

1. 树立职业生涯规划的理念

求职择业前应当对自身和当前就业环境进行分析，寻找适合自己的职业。每个人都有自己的优点和长处、缺点和短处，这就是人们常讲的"尺有所短，寸有所长"，所以要求毕业生对自己和自身能力要有客观和正确的认识，应该明了自己能干什么和不能干什么，这就是所谓的"知人者智，自知者明"，只有这样，毕业生才能树立良好心态，在求职中抓住机遇。另外,毕业生在求职前必须了解国家相关政策,摸清所学专业或意向行业的就业形势,以及劳动人事管理相关政策和法规,找到一个适合自己并有发展潜力的工作岗位,规划好职业生涯,促使其长远发展。

2. 淡化专业对口的理念

企业在进行招聘的时候,会强调专业对口、科班出身,这无可厚非,因为"术业有专攻",找专业的人做专业的事情是对的。人们信奉"学什么专业就应该从事什么样的工作"。正因为这样的现实前提,部分毕业生的求职方向受到了限制。专业对口成了少部分不喜欢所学专业学生的无奈之选,影响了其职业生涯的发展。

那所学专业和职业的关系在哪里呢?事实上所学专业和职业没有绝对的关系。按职业生涯规划的理论,职业理想和所学专业的相关性、个人所长和专业岗位需求的契合度才是考虑是否选择专业对口的关键因素。职业理想和所学专业相关性越强,那么建议选择专业对口,反之则不然。个人所长和专业岗位契合度越高,那么建议专业对口,反之则不然。因此,专业对口不是毕业生的唯一选择。

3. 打破地域限制

选择在哪里工作得先分析从事的职业所处的领域和地方经济发展水平的关系,某些职业在一线城市可以有更好的发展机会,例如金融、IT类的职业,但有些职业留在城市不一定能大展拳脚,例如农学类、水利工程类等专业。

冷静地分析当前的就业形势与趋势,广大的乡镇和生产第一线多年来未能接收到较大数量的大学生,急需大批有才能的大学生去开拓、去创业。求职择业,不能只看着一线城市,尤其党的十九大提出的"乡村振兴"战略思想,为应届生扎根基层,在乡村就业创业提供了更广阔的发展空间。

4. 树立到不同性质单位就业的理念

时代在发展,但求职过程中追求"金饭碗、铁饭碗"的意识依然存在,但这些求职者所倾向的机关、行政单位以及国有企事业单位所能提供的职位数量是有限的。经过改革开放多年来的培养和补充,现在各大企、事业单位的人员已相对饱和,形成了一个比较完整的人才系统,它所需要的只是进一步的调整和提高,在招聘人才时往往只对硕士、博士或具有丰富实践经验的高级人才感兴趣。假如只把眼光往这些地方看,必然要造成一部分大学生就业"难于上青天"的现象。当前,随着经济的发展,我国的民营企业和外资企业都有非常完善的管理体系,并不会制约求职者职业生涯的发展。

5. 打破一锤定终身的理念

企业需要有忠诚度的员工,事实的确如此,因此大多数学生认为一旦就业,则无法改变,否则会影响自己的发展,继而在求职就业时出现选择迷惘症。事实上,当就业模式由统包分配变为双向选择后,企业和求职者都有很大的选择空间,若不是因为违背职业道德或法律而离职,企业和员工都是好聚好散的。在职业生涯发展初期,变换岗位及单位都是正常现象,因此,求职就业并非一锤定终身。

二、做好求职前的心理准备

1. 竞争的心理准备

大学生扩招政策实施后,就业模式由统包分配变为了双向选择,毕业生有选择企业的自由,企业也有选择毕业生的自由,有了选择,就必然存在竞争。从个人发展的角度来看竞争,它可以促使求职者进行为功修炼和自我的完善。

2. 自信的心理准备

求职过程中,自信的人是非常受欢迎的,但部分毕业生在就业的过程中缺乏自信,原因如下:

(1)受中国传统观念的影响。列如,谦虚是一种美德,做人要低调,等等。部分学生在求职择业的过程中不敢勇敢地去表达自己的观点,对面试官的夸赞也显得扭捏。

(2)对自己没有清楚的认识。不知道自己的优势在哪里,从而缺乏自信。

(3)就业前没有做充分的准备。个人知识储备不足,怕失败,导致紧张情绪产生,显得自信不足。

充分认识到自身的优势,并勇敢表达,做好就业前的知识储备,这些都能帮助毕业生建立自信。

范例一

面试失败的张同学

3. 挫折的心理准备

人的生活道路不是一帆风顺的,前进中既有阳光大道也有羊肠小道,遇到挫折是正常的,能否正确对待挫折,是人心理健康与否的一个重要标志。

(1)要正视挫折。大学生活有顺利的一面,但也会遇到诸如考试失败、被人嫉妒或压制、经济拮据、发生疾病、家庭不幸、失恋等挫折,大学生要客观地看待这些现象,如果遇到,要泰然处之。

(2)要战胜或适应挫折。遇到挫折,要冷静分析原因,找出问题的症结,充分发挥主观能动性,想办法战胜它。如果主客观差距太大,虽经努力,也无法战胜,就需要我们接受它,适应它,或者另辟蹊径,以便再战。

(3)经受挫折的磨炼。当代大学生基本上是在顺境中长大的,是在"众星捧月"中成长起来的,没有经受过多少挫折,这使得相当一部分大学生抗挫折能力较差。所以,大学生要多经受挫折的磨炼,利用各种机会,到工厂、农村、部队去,到艰苦的地方去,在社会实践中增加抗挫折能力、积累经验。

小 贴 士

面临挫折时不同心态产生不同结果

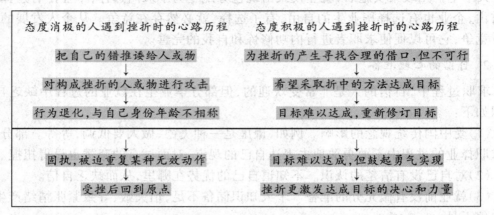

态度消极的人遇到挫折时的心路历程	态度积极的人遇到挫折时的心路历程
把自己的错推诿给人或物	为挫折的产生寻找合理的借口,但不可行
对构成挫折的人或物进行攻击	希望采取折中的方法达成目标
行为退化,与自己身份年龄不相称	目标难以达成,重新修订目标
固执,被迫重复某种无效动作	目标难以达成,但鼓起勇气实现
受挫后回到原点	挫折更激发达成目标的决心和力量

可以看出,心态积极的人会将挫折转化为战胜挫折的动力,消极的人只会将挫折转化为负能量,导致自身发展停滞不前,甚至滞后。

三、常见的心理障碍及调整方式

心理障碍指一切心理不健康的现象或者倾向,它是心理压力和心理承受力相互作用、使人失去应有的心理平衡的结果。心理障碍表现十分复杂,程度亦有轻重之分。毕业生择业是人生的重要抉择,常常引起一些轻度的心理障碍。

1. 心理障碍的表现

(1)焦虑。主要表现为恐惧、不安、忧虑及某些生理反应。引起毕业生焦虑的主要原因有:不知道自己的理想是否能够实现;是否能够找到一个适合自己特长且环境优越的单位;用人单位是否能选中自己;屡屡被用人单位拒绝;自己看中的单位,家人不同意。尤其是一些来自边远地区的,或性格内向,或有生理缺陷,或成绩不佳,或是女生等,表现得更为焦虑。有些同学在屡遭挫折之后,甚至产生了恐惧感,一提就业就心理紧张。

大学生择业焦虑心理的一种特殊表现就是焦躁。急着要找单位,急着签约,急着办各种手续,尤其是在规定时间内未落实就业单位的学生,表现得更为焦躁,甚至表现为缺乏自我控制,在对用人单位信息掌握较少或不完全了解用人单位的情况下,就匆匆签约,常常事倍功半甚至事与愿违。

(2)自卑。自卑是一种缺乏自尊心和自信心的表现,自卑常和怯懦、依赖等心理交织在一起。这种现象多见于自我意识发展不健全及性格内向或有生理缺陷的大学生。主要表现为在择业的过程中过低地估价自己,缺乏自信心,缺乏勇气,不敢竞争,甚至悲观失望,精神不振。

范例二

求职失败的小刘

（3）怯懦。怯懦是一种胆小、脆弱的性格特征。多见于一些性格内向或抑郁气质类型的大学生。表现为在面试的时候语无伦次、张口结舌、支支吾吾、答非所问，从而影响了面试的效果，进而影响择业。

（4）孤傲。孤傲心理是缺乏客观自我分析和自我评价的表现。主要表现为：有些学生对自己估价过高，认为自己学习了很多的知识，各方面条件也不错，哪个用人单位录用了自己是其荣幸。他们看不起这个单位，瞧不起那种职业。一旦有了这些心理，很容易脱离实际，以幻想代替现实，使自己的择业目标和现实产生了极大的反差，最终可能颗粒无收。

（5）冷漠。冷漠是遇到挫折后的一种消极心理反应，是逃避现实、缺乏斗志的表现。表现为受到挫折后，感到无能为力、失去信心，甚至不思进取、情绪低落、情感淡漠、意志麻木、听天由命。

（6）问题行为。问题行为即违背社会行为规范的不良行为。毕业前，一些大学生因某些需要不能满足或有强度较大的挫折感，加之平日缺乏应有的品德与个人修养，可能发生各种各样的问题行为。常见的有逃课、损坏东西、对抗、报复、迁怒于人、拒绝交往、进行不良交往、过度消费、嗜烟、嗜酒等。问题行为的存在，不仅会影响学生顺利择业，严重的还可能导致违纪与违法。

（7）生理化症状（择业综合征）。生理化症状是由于心理压力和生活方式而导致的异常的生理反应。毕业前的大学生由于心理应激水平高、心理冲突强度大、挫折体验多，加之一部分大学生性格本来就不健全，因此容易导致头痛、头昏、血压不正常、消化紊乱、背痛、肌肉酸痛、口干、心慌、睡眠障碍等生理化症状。

2. 心理调适方法

（1）转化法。有些时候，不良情绪是不易控制的。这时可以采取迂回的办法，把自己的情感和精力转移到其他的活动中去。如学习一种新的技能，参加有兴趣的活动，使自己没有时间和可能沉浸在不良情绪上，以求得心理平衡，保护自己。

（2）宣泄法。因挫折造成焦虑和紧张时，可以去打球、爬山或参加运动量大的活动，宣泄情绪。但是宣泄一定要注意场合、身份、气氛，注意适度，应是无破坏性的。

（3）安慰法（阿Q精神胜利法）。人不可能事事皆顺心，择业中遇到困难和挫折，已尽了主观努力仍无法改变时，可说服自己适当让步，不必苛求，找一个自己可以接受的理由让自己保持内心的安宁，承认并接受现实，以求得解脱。

（4）松弛法。在出现焦虑、恐惧、紧张、心理冲突、入睡困难、血压增加、头痛等身体症状时，可以在有关人员的指导下进行放松练习。通过练习学会在心理上和身体上放松的方法，可以减轻或消除各种不良的身心反应。

（5）沟通法。当你对择业感到茫然时，也可找老师、同学、亲友沟通，说出你的一些想法，让他们谈谈他们的建议和看法。

知识拓展

心态对一个人会产生什么影响

第二节　知识准备

君子藏器于身，待时而动。

——《周易》

案例导入

教学视频5-2　　　　　　　　　　　　　　　罗某和小张面试前的准备

知识是人们在改造世界的实践过程中所取得的认识和经验总结。它反映着客观世界各个领域物质运动和社会发展的规律，是人类改造自然、改造社会、争取自由的有力武器。

在当今社会，各种知识浩如烟海，各门学科交叉渗透，科学技术的发展突飞猛进，要掌握各方面的知识是不可能、不现实的。社会对于求职者的要求是：拥有较高的知识程度，并能根据社会的发展和所选职业的具体要求，将自己的知识科学地组合以形成合理的结构。也就是说，要求求职者具有合理的知识结构。

一、建立合理的知识结构

合理的知识结构是指一个人所拥有的知识体系的合理构成，它是由诸多要素组合而成的有序列、有层次的整体的信息系统。

1. 合理知识结构的特点

从合理知识结构的概念我们可以看出,合理的知识结构是有序列、有层次的整体的信息系统。由此,合理知识结构的特点有以下几个方面:

(1)有序性。作为合理的知识结构,一般来说必然有从低到高、从中心到外围几个不同的层次。从低到高是指从基础知识到专业知识的延伸,要求知识的积累由浅入深,逐步提高;从中心到外围是指在目标确定的前提下,将那些对实现目标有决定意义的知识放在中心位置起主导作用,并让一切相关的知识在整个结构中占有相应位置,由此构成合理的知识结构。

(2)整体性。现代科学发展趋势显示出知识结构整体性和综合性的特征。它要求知识结构中各个组成部分无论多么复杂,其结构不应是各个部分的简单堆积,而应是多个部分相互联系、相互作用的有机整体,从而能够在整体上发挥出最优化的功能。

(3)可调性。人们的知识结构应是动态的、可变的、能够根据需要经常进行调整,以保持最佳状态。合理的知识结构本身应该有一种转换能力,它能够根据变化了的客观世界和实际需要,从一个目标转向另一个目标而不断地对自身进行充实和调整。

2. 合理知识结构的内涵

基础知识:数学(算术、代数、几何、三角、微积分)、物理学(力学、热学、磁学、光学、原子物理学)、化学、外语、计算机知识、人文知识(哲学、文学、艺术、文化、伦理道德)、历史学、地理学、汉语及专业基础课程。

专业知识:指大学生各自所学专业的知识,是大学生今后走向工作岗位的一技之长,是大学生知识结构中的主要内容,是大学生知识结构的直接显示体。

复合知识:这个概念的提出是针对目前高等教育界存在的"专才"教育的缺陷而言的。如文科增设高等数学、计算机等课程,理科增设大学语文、人文社会科学等课程。大学生必须充分认识复合知识的重要生,发挥自身主观能动性和知识的特点,进行有针对性的复合知识的学习。

二、职业对求职者知识结构的要求

无论是建立什么类型的知识结构,归根到底要适应职业对知识结构的要求。因此,我们必须了解职业对求职者知识结构的要求。

1. 职业对求职者知识结构的共性要求

(1)宽厚扎实的基础知识。基础知识是知识的大树的躯干,是知识结构的根基。大学毕业生无论选择何种职业,向哪个专业方向发展,都少不了宽厚扎实的基础知识。特别是随着科技和经济的高速发展,毕业生在择业、就业上不可能是从一而终的,职业岗位随时变动的情况不可避免,要适应变化,必须靠扎实宽厚的基础知识。

(2)广博精深的专业知识。专业知识是知识结构的核心部分,也是科技人才知识结构的特色所在。所谓广博精深,是指大学生对自己所要从事专业的知识和技术具有一定的深度,一定的范围的深入研究,对概念体系、理论体系、研究方法、学科历史和现状、国内外最新信息等都要了解和把握。同时,对其专业邻近领域的知识也要有所了解和熟悉,善于将其专业领域与其他相关知识领域紧密联系起来。在求职的过程中,是否有基础强大的专业基础知识是企业所看中的,也是个人业务能力的重要体现。

(3)大容量的新知识储备。现代各类职业都要求从业者的知识"程度高、内容新、实用强"。用人单位普遍要求毕业生能够熟练地运用一门外语和使用计算机。此外,毕业生如能掌握一技之长,诸如书法、绘画、文体、驾驶、公关等,也将增加其求职的成功率。

许多单位在用人方面都会提出相同的要求:学生学习好、文笔好、外语好、计算机操作能力强作等等。这反映了用人单位的选才标准,"学习好"就是要求有广博精深的专业知识;"文笔好、外语好"就是要求有扎实的基础知识;"计算机操作能力强"就是要求有一定的知识储备。

2. 不同岗位对求职者知识的特殊要求

(1)销售。掌握消费心理学、公共关系学等知识,拥有完善的沟通技巧和语言表达能力。

(2)生产制造。掌握行业的专业知识,熟悉行业标准及生产要求,并能运用于实践。

(3)技术研发。具有大量本专业的前沿信息,有科学的思维和深厚的专业知识结构,掌握严谨的科学研究方法。

(4)管培。掌握管理学、心理学等知识,拥有完善的沟通技巧、语言表达能力、资源掌控及组织能力。

(5)服务。掌握公共关系学、消费者心理学、礼仪等知识。

(6)工程。掌握数学运算、力学等专业基础知识和专业知识,掌握运用于实际工作中的应用型技术知识。

第三节　大学生必备职业素养

不要花太大的精力试图改变不符合公司文化和要求的人,直接解雇他们,然后重新寻找。

——杰克·韦尔奇

案例导入 ◇

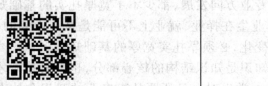

教学视频5-3

文员小王

一、工作态度

态度是做好一份工作的基础,那么大学生应该从哪些方面去培养自己的自己良好的工作态度呢?

1. 要学会尊重企业文化并执行企业制度

每一个企业,都会有一套自己的企业文化,这些文化会贯穿或体现于企业的管理制度中。优秀的企业文化和完善的管理制度能让企业保持正常的运转,因此企业也会要求员工尊重企业文化,并遵守企业制度。

对于企业来讲,制度涉及的方面很多,如人事制度、生产制度、财务制度等。尊重并执行制度,能帮助职业人顺利游走于企业管理的各大领域,提高办事效率和成功率。

2. 要具备服务精神

越来越多的公司,把服务的素质当作所有员工的一项基本素质。服务,最初被理解为"为客户提供服务",这里指的是外部客户。随着竞争的激烈,又有了一个概念是指内部客户。事实上职业人在企业内部要面对的所有人都可以被称之为内部客户。上司、工作搭档,甚至是下属,都可以叫内部客户。对待这些人,依然要具备服务精神。

3. 积极主动,并具有责任感

把企业的事情当成自己的事情来做,也就是有主人翁意识,这是职业人必须具备的一种素养。当公司有安排的时候,应当积极主动地接受新的工作任务。如果总是被动地去接受任务,不主动思考且努力完成,甚至挑肥拣瘦,找借口拒绝任务,那么下一次有新的任务来临时,必然不会想到你。

小 贴 士

没有责任感的语言

"我又不是防损员,我只管理货,东西丢了不能怪我。"

"Leader交代我的,我都会去做,做不完我有什么办法。"

"昨晚我睡着了,忘记去看孵化池的情况,造成这样的局面也是我不愿意看到的啊,我也没办法解决。"

二、有效沟通

在追究员工缺乏责任感的同时,是否也思考过一个问题:为什么员工会出现责任感缺失的问题呢?

一般来讲,企业出现问题时,是这样的一个解决路径:

出现问题→查找原因→改变做好→不会再犯

教学视频5-4

这看起来很完美,但在真正查找原因的过程中却屡屡受阻,症结在于:一方面员工害怕道德归因,其次害怕能力归因,也就是说,担心会被组织认定自己能力不行;另外一方面,管理者沟通技巧的缺失给员工造成极大的心理负担,因此产生躲避责任的行为和言词。

解决问题的路径中,是否能进行有效而良好的沟通是关键因素。在工作中,任何一件事情都不是独立完成的,它需要经过沟通,不断地与你的同事达成共识,并形成一套切实有效的行动方案。在沟通过程中,判断沟通是否有效的标准,就是是否达成了共识。怎样使沟通能达成共识,形成有效沟通结果呢?

1. 明确有效沟通的内涵

沟通是为了设定的目标,把信息、思想和情感在个人或群体间传递,并达成共同协议的过程。

(1)明确沟通的目的。在与别人进行沟通时,要首先告诉对方沟通希望达到什么目的,以便于进行沟通的双方向着明确的方向进行。

(2)在沟通的过程中注意信息的交流。听取对方的想法,然后将你的想法告诉对方,沟通一定是信息双向传递的过程。

(3)注意情感的交流,最后达成共识。情感是达成共识的催化剂,因此要想达成共识,有情感基础会更容易和更快速。

2. 沟通前的准备工作

(1)确定沟通的形式。确定是面谈、打电话、发电子邮件,还是组织会议。

(2)确定沟通的时间。确定合适的时间,以便于对方与我们更快达成共识。

(3)确定沟通的地点。不同的地点对沟通是否能够达成共识会产生很大影响。

(4)确定沟通的内容。沟通的内容要简单、清楚、明确,让对方理解你所要表达的含义。

(5)考虑对方的想法。对方的建议、对方的目的和想法都对沟通能不能达成共识有着重要的影响。

3. 沟通技巧

在沟通的过程中,最重要的动作就是听、说、问。

(1)听的技巧。在习惯行为中,听的习惯是最少的。在听的过程中,往往会出现一些不正确的行为,如打断别人的讲话、心不在焉或者左顾右盼。

正确的做法应该是有适时的眼神交汇,并在肢体或语言上给予一些肯定的回应,比如点点头或者告诉对方"这个想法听起来还不错"等等。当对方感觉到这种互动后,他会积极、完整、清晰地说出他的想法,这样更容易达成共识。

(2)说的技巧。说的过程中要注意对方的表情,观察他是不是在听你的讲述,并且在说的过程中要及时征求对方的意见。

(3)问的技巧。要等对方把话讲完后,再把有疑问的地方提出来,与对方共同探讨。当意见与对方的意见有抵触时,先倾听对方的意见,再询问其理由。

4. 人际风格类型与沟通技巧

不同的人际风格类型会对沟通产生不同的影响。一般而言,我们把人际风格分为四种。

（1）分析型。

①分析型的特点。

●语调单一、语言准确且富有逻辑。

●面部表情少，注意细节。

●做事严肃认真、有条不紊。

②与分析型人沟通的技巧。

●注重细节。

●尽快切入主题。

●要一边说一边拿纸和笔记录。

●多用准确的专业术语和数据。

（2）支配型。

①支配型的特点。

●说话速度快且有说服力，语言直接。

●交流时有目光接触，目的性强。

●做事果断、独立、有作为，善用日历。

②与支配型人沟通的技巧。

●要讲究实际情况，有具体的依据和大量创新的思想。

●要在最短的时间里给他一个非常准确的答案，而不是一种模棱两可的结果。

●说话开门见山，节约时间。

●说话声音要洪亮，充满信心，否则他就会对个人能力产生怀疑。

●一定要有计划，并且最终要落到一个结果上，他看重的是结果。

（3）和蔼型。

①和蔼型的特点。

●语速慢，使用鼓励性的语言。

●面部表情和蔼可亲、频繁的目光接触。

●合作、友好、赞同、有耐心。

②与和蔼型人沟通的技巧。

●语言不要给他压力，要鼓励他，去征求他的意见。

●在同和蔼型的人沟通过程中，同他要有频繁的目光接触，要时刻充满微笑。

●和蔼型的人看重的是双方良好的关系，他们不看重结果。

（4）表达型。

①表达型的特点。

●抑扬顿挫的语调、有说服力的语言。

●丰富的肢体语言。

●外向、直率友好、热情、令人信服、合群。

②与表达型人沟通的技巧。

●声音洪亮。

●使用肢体语言。

●说话要直率，且多从宏观的角度去说。

● 表达型的人不注重细节。达成协议以后,最好与之进行一个书面的确认。

各类人际风格的特点及沟通技巧见表5-1。

表5-1　各类人际风格类的特点及沟通技巧

类型	特点			沟通技巧
	面部表情	语言	行事风格	
分析型	严肃而认真,表情少	语调单一、有条不紊、条理清晰	有规划、重细节	注意细节、直言不讳、喜欢专业术语及数据材料,多讲思路
支配型	热情而审慎	语速快、有力量,语言直接且有说服力	执行力强、果断、独立、重效率	声音洪亮充满自信、回答精准且有实践依据、有创新思维、多讲成果
和蔼型	和蔼,有亲和力	语速慢、委婉、善用鼓励性语言	执行力弱,重过程轻结果	说话语速要慢,多鼓励和征求意见,注意目光接触及微笑,创造良好的沟通环境
表达型	热情而有活力,表情丰富	肢体语言丰富、语调抑扬顿挫、有说服力	有规划但不重视细节和执行	声音洪亮,语言直接,少描述细节,多描述远景和蓝图

小贴士

沟通是一把"双刃剑",说了不该说的话、表达观点过激、冒犯了他人的权威、个性太过沉闷,都会影响你的职业命运,那么新人在沟通中到底有哪些误区?

1. 想当然地处理问题

有些新人因为性格比较内向,与同事还不是很熟悉,或者碍于面子,在工作中碰到问题,仅凭个人的主观意愿来处理,到最后往往差错百出。

建议:新人在工作经验不够丰富时,切忌想当然地处理问题,应多向领导和同事请教,这样一方面可以减少工作中出错的概率,另一方面也能加强与团队的沟通和合作,迅速融入团队。

2. 迫不及待地表现自己

刚刚参加工作的新人总是迫不及待地把自己的创新想法说出来,希望得到大家的认可。而实际上,你的想法可能有不少漏洞或者不切实际之处,急于求成反而会引起他人的反感。

建议:作为新手,处在一个新环境中,不管你有多大的抱负,也要本着学习的态度,有时"多干活儿少说话"不失为一个好办法。

3. 不看场合、方式失当

上司正带着客户参观公司,而你却气势汹汹地跑过去问自己的"五险一金"从何时开始交,上司一定会认为你这个人"拎不清";开会的时候你一声不吭,而散会后,却总是对会议上决定的事情喋喋不休地发表观点,这怎能不引起他人反感呢?不看场合、方式失当的沟通通常会以失败告终。

建议:新人在沟通中要注意察言观色,在合适的场合,用适当的方式来表达自己的观点或与人商讨问题。

三、团队合作

1. 团队的定义

团队是由员工和管理层组成的一个共同体,该共同体合理利用每一个成员的知识和技能协同工作,解决问题,达到共同的目标。

教学视频5-5

2. 团队的特征

(1)共同的目标。团队应该有一个既定的目标,为团队成员导航,知道要向何处去,没有目标这个团队就没有存在的价值。此外,还可以把大目标分成小目标,再具体分到每个团队成员身上,大家合力实现这个共同的目标。同时,目标还应该有效地向大众传播,让团队内外的成员都知道这些目标,有时甚至可以把目标贴在团队成员的办公桌上、会议室里,以此激励所有的人为这个目标去工作。

(2)唯一的领导。唯一的领导是团队的保证。保证所有团队成员向着唯一的方向前进,这样才能保证一个团队的高效率。

(3)明确的分工。分工是基础,现代企业要强调的是分工,每一个人为自己的工作负责。

(4)有效的沟通。团队成员之间、部门之间需要不断进行有效的沟通。

(5)规章制度。设立规章制度的目的是更好地推动整个团队完成目标。

3. 团队合作的原则

(1)双方都能够阐明各自所担心的问题。

(2)积极并愿意解决问题。

(3)共同研究解决问题的方案。

(4)对事不对人,不揭短,不指责。

(5)达成双赢的目的,大家都获益最多。

4. 团队精神

团队精神就是大局意识、协作精神和服务精神的集中体现。

(1)要树立起全公司一盘棋的思想。要从企业发展的大局出发,凡是有利于公司发展的事就要主动、认真地去完成它,力求做得好一点、快一点,想办法把事情做好,切不可坐失良机。

(2)要树立"我为人人,人人为我"的思想。企业内部、部门之间、上下级之间、公司与客户之间的关系都是供应链,这种关系只有通过相互协作、群策群力才能圆满地完成。一个好的企业或者一个好的部门,往往是通过自我调节,把摩擦降到最低点的。

(3)要树立主动服务的思想。在日常工作中,许多事情不是十全十美的,而一些容易被人们疏忽或者遗漏的地方又往往是很关键的,这就要求我们发扬团队精神,主动为其他部门提供优质服务,尽心、尽力地帮助他人解决难题。

5. 如何处理团队冲突

在团队工作中,不可避免地存在着冲突。当我们与同事发生冲突时,不要去说服别人,而要去分析:为什么会产生这样的冲突?产生冲突的原因是什么?

一个职业人士,最突出的表现就是,当他和同事遇到冲突的时候,能够使双方坐下来分析原因,而不是辩论或说服。

通常引起冲突的原因有以下两个方面:

(1)人际风格的冲突。人际风格的冲突指的是在我们与同事的沟通过程中,由于性格不一样、沟通风格不一样而产生的冲突。

例如,当和蔼型的人和支配型的人沟通时,和蔼型的人就会觉得支配型的人没有情感,就会从心理上产生对他的抵触情绪,可能本来能够接受的问题,也不愿意去接受,这个时候就产生了人际风格的冲突。

(2)问题的冲突。当我们就某一件事情,要做还是不要做,先做还是后做,没有达成共识的时候,就会产生问题冲突,当问题冲突产生时,通常要做两件事情:

第一,告诉对方你的原因,为什么你这样想、这样做。

第二,询问对方这样想、这样做的原因。

第三,达成共识。

如果没有能够达成共识,就把这个问题向更高一级领导汇报,由他来决定是否该做及做事的优先顺序。

四、时间管理

人生最宝贵的两项资产:一是头脑,二是时间。因此,管理时间的水平高低,会决定你事业和生活的成败。

如何根据你的价值观和目标取向管理时间,是一项重要的技巧。它能使你控制生活,善用时间,朝自己设定的目标前进,而不致在忙乱中迷失方向。

1. 方法

(1)做要事而不是做急事,学会时间管理的 ABCD 法则,如图5-1所示。

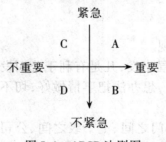

图5-1 ABCD法则图

先做A(既重要又紧急的事)。

次做B(重要而不紧急的事)。

少做C(紧急而不重要的事)。

不做D(既不重要又不紧急的事)。

(2)把时间花在最有生产力的地方。巴莱托(80/20)定律:人们应该用80%的时间做能带来最高回报的事情,而用20%的时间做其他事情。这样使用时间是最有战略眼光的。

(3)做正确的事。

①确定目标。目标能最大限度地聚集你的资源。只有目标明确,才能节约时间。

②确定要做的事。你要知道实现自己的目标需要做哪些事情,并且要确保这些事情是有利于目标实现的。

(4)正确地做事。

①排列优先顺序。对需要做的事情设定先后顺序,分清轻重缓急。

②制定计划。根据做事情的先后顺序制定工作计划,按计划进行。

③选择正确的工作方法,以正确的方式做事。

2. 注意事项

(1) 克服拖延。

(2) 学会说不。

(3) 减少干扰。

(4) 应付意外事件。

(5) 合理规划。

(6) 善用零碎时间。

第四节 信息收集准备

不为明天做准备的人永远不会有未来。

——卡耐基

教学视频5-6

李文星

一、就业信息的分类

1. 宏观就业信息

这类信息涉及国家或地区的社会就业结构状况和人才需要变动趋势,为人们提供求职方向和求职目标,具有重要的宏观参考价值。许多毕业生往往容易忽视,宏观就业信息主要有四类:

(1) 国家或地区经济与社会发展信息。这类信息一般不直接反映国家或某地区的社会人员需求状况,但经济与社会发展都必然牵扯到人口就业问题,影响到就业结构的变化,从而间接地反映出劳动力的流向、需要的变动趋势。如天津市从1992年开始的危陋平房改造工程,是政府为老百姓办的一件大好事,带动了全市房地产、家庭装修、家具等一系列行业的发展,为求职者提供了巨大的求职空间。

(2) 国家或地区社会经济的方针、政策、规定。其中,有些可直接、间接影响到劳动就业,从而对社会人员需求变动产生某些影响。比如,全面贯彻执行《企业法》,实行企业经营承包政策,企业经济效益同工资总额挂钩政策,扩大、增加基础建设规模政策,大城市严格控制使用民工政策,鼓励城市科技人员支援乡镇企业的政策,吸引人才的各种优惠政策,等等。

（3）企业或地区社会性经济劳动人事制度改革信息。劳动人事管理和其他各项管理的改革，都可能导致企业经营方式、企业用人数量上的变化和职工队伍的内外流动，从而对人员需求状况产生影响。

（4）国家或地区各项社会经济改革信息，针对现实社会经济发展中的问题和弊端所进行的各种改革，都会因牵扯到个人的利益而对人们的择业行为产生某种导向作用，从而引导人员需求状况的变化。

2. 微观的就业信息

微观的就业信息主要是指国家机关、事业单位、企业等法人发布的和用人相关的政策、规定及招聘启事。

二、微观就业信息收集的主要渠道及其特点

1. 校就业指导中心

学校的毕业生就业办公室，是高校学生毕业就业工作的行政管理部门，在长期的工作交往中与各省市的毕业生就业主管部门及用人单位有着密切的联系，社会需求信息往往汇集到这里。在毕业生就业过程中，学院老师会及时向毕业生发布有关需求信息，进行就业指导，让毕业生大致了解当年社会对大学生需求的状况及有关就业的政策规定，学生本人也可以就有关问题进行咨询。学院就业办公室是获取用人单位信息的主渠道，他们提供的信息无论是数量还是质量，都有明显的优势。

2. 网络

随着信息时代的到来，互联网运用于社会各个领域，利用互联网求职对许多求职者特别是高校应届生来说已不再陌生。网络获取就业信息，最大的优势在于海量、快速、精准，且不受求职者所在地区的限制。毕业生不仅可以自由地从互联网上取得各种职业信息，而且还能利用互联网把自己的履历放入网中，现阶段招聘网站和基于手机客户端开发的APP在求职者当中相当受欢迎，如智联招聘、前程无忧、猎聘、BOSS直聘等。

3. 各种人才市场

随着社会主义市场经济建设的发展，我国人才市场中介机构也应运而生了，在那里不仅可以了解到许多各类不同的机构和职位，而且还为你提供了一次极好的锻炼面试技能和增强面试中自信心的机会。

4. 实习单位

社会实践是大学生自我开发职业信息的重要途径。在社会实践的过程中，通过自己的努力赢得用人单位的好感、信任，取得职业信息甚至直接获得职业的大学生不乏其人。因此，大学生在各种社会实践活动中，在了解社会、提高思想觉悟、培养社会能力的同时，要做一个收集职业信息的有心人。另外，还有一个很重要的实践环节是毕业实习，实习单位一般比较对口，通过实习可以直接掌握就业信息，如果在实习过程中与用人单位达成就业协议也是很好的就业途径。

5. 社会关系

（1）家长亲友。他们都相当关心毕业生的就业问题，又来自社会的各个方向，与社

会有多种联系,可以从不同渠道带来各种用人单位的需求信息。家长亲友提供的职业信息主要来源于其个人的社会关系,相对固定,但也有相当大的局限性。这类职业信息一般不反映职业市场的实际供求状况,也往往不太适合那些专业比较特殊、学生本人就业个性比较强或具有某些竞争优势(如学习成绩优秀、共产党员、学生干部、有一技之长等)的毕业生,但信息的可靠性比较大,一旦被接受,转变为就业岗位的可能性比较大。

(2)学校老师。由于本专业的教师,比一般人更了解本专业毕业生适合就业的方向和范围,在与校外的研究所、企业、公司合作开发科研项目和教学活动中,对一些对口单位的人才需求信息了解得比较详细。毕业生可以通过专业教师获得有关这些企业的用人信息,从而不断补充自己的信息库,而且可以直接找他们作为推荐人或引荐人。

(3)校友。校友最大特点是比较了解本校,尤其是本专业的毕业生在人才市场上的供求状况及其在具体行业中的实际工作、发展状况,近几年毕业的校友更有着对职业信息的获取、比较、选择、处理的经验和竞争择业的亲身体会,这比一般纯粹的职业信息更有参考、利用价值。

小 贴 士

各类就业信息获取渠道的特点见表5-2。

表5-2　各类就业信息获取渠道的特点

就业信息获取渠道	真实性	岗位的专业针对性	岗位面对的对象	求职成功率
学校就业指导中心	高	强	学生	高
网络(政府型人事网站、猎头网站、求职APP)	政府型高	政府型弱	部分学生、部分社会人士	低
	商业型低	商业型弱	社会人士	低
人才市场	低	弱	社会人士	低
实习单位	高	强	实习学生	高
社会关系	高	中	亲属、朋友	高

三、阅读招聘信息的要点

(1)发现"招聘启事"要快看、早看。有个成语叫"捷足先登",说的是谁来得快谁先达到目的或先得到所求的东西。即使无意应聘,多掌握一些信息对求职总是有好处的。

(2)仔细阅读招聘内容。"招聘启事"大致包括三方面的内容:

第一,用人单位情况。

第二,应聘资格与条件。招聘的学历、专业、工种及数额,有的应聘者"只见其一,不见其二",往往因误读了广告内容而使求职失败,这种教训应当汲取。

第三,岗位权利和职责。要了解薪水、福利,以及岗位赋予的工作任务自己是否有能力完成。

(3)注意招聘规定。"招聘启事"规定的报名日期、截止时间、考试日程要记清,不可因疏忽大意而导致"漏选"。

（4）搜集相关信息。如果读了"招聘启事"认为自己符合条件规定，又有明确的应聘意向，便可以通过各种渠道搜集有关招聘单位的信息，了解其经营状况、工资待遇、社会保障、发展前途等，以便同已掌握的其他招聘启事加以对比，下定最后抉择的决心。

四、信息的筛选

对于收集到的需求信息，应结合自己的实际情况，加以筛选过滤。只有这样，才能使获得的信息具有准确性、全面性和有效性，并为我所用。

（1）掌握重点。信息可以全面收集，但在比较筛选之后，应把重点信息选出、标明并注意留存，一般信息则仅作参考。

（2）善于对比，选择合适自己的岗位。当你从不同的渠道收集到大量的需求信息后，可用对比鉴别的办法，综合评估，做出选择。

（3）不耻下问。当你收集到一些需求信息后，为了弄清信息的可靠程度，应当通过各种办法，找有关人士去打听、澄清，以确定信息的可靠程度。

（4）了解透彻。对于重要的信息要顺藤摸瓜、寻根究底，务求了解透彻，不能一知半解。要全面掌握情况，全面了解信息的中心内容。

（5）避免盲从。获取用人信息以后，不能一味盲从，那种认为亲友告诉你的信息一定可靠、报刊上传播的信息肯定没问题、朋友给你说的一定是对的等观念都是不可取的。

小贴士○

当你在发来Offer的几个企业中犹豫不定时，不妨从表5-3所列的这些方面去做一次测评，选选哪家企业和你的匹配度最高。求职者与企业匹配度测试见表5-3。

表5-3　求职者与企业匹配度测试

企业名称	我的需求企业是否能满足	选项	得分	总评
A公司	工作地点是否符合我的要求			
	工作性质是否符合我的要求（倒班/出差）			
	岗位的稳定性（吃青春饭）			
	岗位的发展空间（有明确的发展路径）			
	薪资待遇能否达到要求			
	专业能力的提升（继续教育）			
	福利是否不错（是否有社保和公积金）			
	企业对我能力的要求是否具备	**选项**	**得分**	
	沟通及表达能力			
	团队合作			
	吃苦耐劳（身体和心理抗压能力）			
	人际交往（善于协调各方关系）			
	必要专业技能证掌握			
	行业经验			
	学习能力（学习新知识快速）			

（续表）

企业名称	我的需求企业是否能满足	选项	得分	总评
B公司	工作地点是否符合我的要求			
	工作性质是否符合我的要求（到班/出差）			
	岗位的稳定性（吃青春饭）			
	岗位的发展空间（有明确的发展路径）			
	薪资待遇能否达到要求			
	专业能力的提升（继续教育）			
	福利是否不错（是否有社保和公积金）			
	企业对我能力的要求是否具备	**选项**	**得分**	
	沟通及表达能力			
	团队合作			
	吃苦耐劳（身体和心理抗压能力）			
	人际交往（善于协调各方关系）			
	必要专业技能证掌握			
	行业经验			
	学习能力（学习新知识快速）			

五、几类特殊岗位的信息收集

1. 参军入伍

大学生入伍是指部队每年从应届大学毕业生中招收义务兵，从2013年开始征兵工作由冬季改为夏秋季征兵，时间调整为4月份开始。以高校毕业班学生身份应征的，高职（专科）应当完成专业理论课程的学习并取得毕业规定所需学分，仅需再完成毕业实习即能够毕业。

征兵时，各级兵役机关将为各级各类高校征集对象提供"绿色通道"，实行优先报名应征、优先体检政审、优先审批定兵，简化办事程序。报名由县级兵役机关直接办理。征兵体检前5天，县级兵役机关要逐一通知预征对象体检时间、地点、注意事项等；优先批准体检政审合格的应届毕业生入伍。

2. 公务员报考

公务员，是指依法履行公职、纳入国家行政编制、由国家财政负担工资福利的工作人员。从2002年起，中央、国家机关公务员招考工作的时间被固定下，报名时间在每年10月中下旬，考试时间在每年11月末或12月初。省以下国家公务员考试时间尚未固定，欲报考者应密切关注各类媒体及地方人事主管部门官方网站有关招录公务员的信息，以免错过报考时机。

课后练习 ○

（1）适用于大学生自我心理调适的方法有哪些？

（2）春雨绵绵，众多乘客在公交站点等车，站台前有一潭2米宽的积水，如果今天你是雨中的乘客，你希望等到的是哪辆车？为什么？

A车司机把车停在离站台1.5米远的地方，乘客根本无法一步上车，只好涉水而过。

B车司机则快速驾车驶进站台，溅起的泥水打湿并弄脏了乘客，乘客面对突来袭击，纷纷避之，站台大乱。

C车司机小心翼翼地将车停在乘客抬脚即可登车的地方，方便乘客上车。

小·组·讨·论

（1）在高中阶段，当学习压力大，学习任务紧张时，有人说等你读了大学就轻松了。你是如何看待这句话的？

（2）分别从角色、态度、适应力、风险这五方面讨论职业人和非职业人的差异。

第六章　求职材料的制作方法与技巧

PPT

本章要点

（1）了解求职材料的基本构成。
（2）熟悉求职材料的制作构架。
（3）掌握求职材料的制作方法。

第一节　求职材料的准备

God helps those who help themselves（天助自助者）。

——西方谚语

案例导入

教学视频6-1

冯玉章同学的"大逆袭"

一、求职材料的内容

求职材料的内容主要包括求职信、个人简历和附件。特别重要的是,要写好具有说服力和吸引力的求职信和个人简历,它是你迈入心仪工作单位的"通行证"。

二、编写求职材料的要领

（1）目标明确。组织和编写求职材料的目标和方向是为了就业,凡有利于就业的各种材料、各种组织编写方法都可以加以运用。

（2）针对性强。即编写求职材料时,应根据大致的就业意向,根据应聘的行业、职业或单位特点进行材料的合理组织、安排和撰写。要做到有针对性,根据不同情况写出最适宜的求职材料,也叫作"投其所好"。

(3)客观实用。在编写求职材料的过程中要采取客观真实的信息。一旦用人单位发现求职材料有假,便会失去理想的就业机会。

三、求职材料的整理

(1)搜集材料。俗话说"巧妇难为无米之炊",搜集个人求职原始材料是一项基础性的工作。搜集材料的原则是为就业服务,即围绕就业目标所需的专业特长、知识结构和能力等进行,注意专业特点、个人能力与行业特点的统一。

(2)分类整理。在分类整理过程中一般按以下五个方面进行类别的划分:个人简历材料、专业学习材料、特长爱好材料、社会实践材料、奖励评论性材料。

(3)编辑审查。分类整理之后就要进行编辑审查,即对分类的材料进行汇总编辑,检查材料是否有明显遗漏。同时材料含糊甚至与实际情况有出入的,一定要撤除或修补。此外,还要对材料上是否有错别字等细节进行检查。

(4)汇总分析。经过分类整理和编辑审查后,首先要把同类型的材料集中起来;然后对材料的使用价值进行自我分析评估;最后把材料依其价值评分分清主次,一一罗列出来,以便于编辑使用。

(5)合理编撰。在编撰求职材料的过程中,要针对所应聘目标的具体情况,合理取舍,有机组合,充分体现择业者的优势与特长。

第二节　怎样写求职信

成功的秘诀,在永不改变既定的目的。

——卢梭

案例导入

教学视频6-2

地狱求职信

求职信是一种介绍性、自我推荐的信件,它通过表述求职意向和对自身能力的概述,引起对方的重视和兴趣。一封好的求职信可以向阅读者说明你的才干。正是有了求职信,阅读者才会对你简历上所写的经历与业绩感兴趣。所以,求职信无论在文体上还是在内容上都必须给阅读者留下好印象。

一、求职信的写作结构与内容

1. 标题

标题可直接标明"求职信""求职书""自荐信""应聘信",首行居中。

2. 称呼

称呼是对主送单位或收件人的称呼,若写给国家机关或事业单位的人事部门负责人,可用"尊敬的××处长";若是企业人力资源部,则用"尊敬的××经理";如果写给科研院所或高校人事部门,可称"尊敬的××教授(处长、老师)"。称呼要正规、准确,忌用"前辈、师兄、叔叔"等不正规的称呼。由于求职信往往是和用人单位之间的首次交往,毕业生未必对单位的招聘人员了解、熟悉,因此,在求职信中称呼"××领导"是可以的。

3. 正文

这是求职信的核心部分,其形式多种多样。要打动用人单位,正文部分的措辞和行文风格要反复揣摩和修改。正文部分立当包括以下内容:

(1)简单的自我介绍。简单的自我介绍即简要说明自己的身份。对于应届毕业生来说,在信件的开头用一两句话说明自己的学校、学历、专业等基本信息就足够了。例如,"我是××大学管理学院电子商务专业2018届本科毕业生",一句话简明扼要,一目了然。

(2)说明求职信息来源。为了得到对方的好感和信任,最好在求职信的开头说明求职信息的来源。这样既在行文上比较流畅,同时也暗示用人单位的招聘广告是有反馈的。例如,"本人在2018年×月×日的《××报》上得知贵单位正在进行招聘活动,因此投信来应聘",一句话带过即可。

(3)说明应聘职位。在求职信的开头,应该说明所要应聘的职位,如"本人欲应聘报社记者一职"或"相信本人能胜任网络维护一职,故前来应聘"等。如果职位有编号,应当写上编号,以表明一丝不苟的态度和应聘的诚意,如"网络维护(012#)"等。

(4)说明能胜任该职位的理由。这是求职信的关键部分,这部分主要是向对方表明你的专业知识和工作经验,取得的与该职位有关的成绩和自己所掌握的相关技能。文字所表达的中心意思应是"你是最适合该职位的人",要注意发觉自己满足未来工作要求的条件。需要注意的是,说明能胜任该项工作的理由时,尽量避免写那些与职位不相及的东西,更不能写那些与招聘条件相反的内容。比如,如果用人单位招聘的是营销人员,你却对你的"文静、内向"大书特书,应聘自然会失败。

(5)暗示发展前途及潜力。在求职信里,不仅要向招聘者说明你的现在,也要说明你的未来,说明你是有培养价值和发展潜力的。例如,你若当过学生干部,可以向对方介绍在担任学生干部时取得了何等成绩,这就说明了你有管理和组织方面的才能。

4. 结尾

求职信的结尾一般有两个要件:一是盼回复;二是祝词。一般在求职信中,表达希望对方答复或者获得面试机会所用的措辞几乎已成定式。在求职信的末尾,加上一句"我热切地盼望着您的答复"或者"我希望能获得与您面谈的机会"。也可自己变为主动,如"如您方便,我将会在×月×日(星期×)上午给您打电话"。另外,正文后的问候祝颂虽然只有几个字,也有着不可忽视的作用。祝颂语可以套用约定俗成的句式,如"此致""敬礼""祝工作顺利"等。

5. 署名

署名(求职者姓名)要与身份证一致,不能用曾用名或小名。若给用人单位领导写信,在名字之前可加"求职者"或"您未来的部下"。当然,也可以直接签上自己的姓名。

6. 日期

一般写在署名右下方,用阿拉伯数字写,并写上年月日。需要注意的是,日期应随求职信投送时间而有所变化,不能过了几个月后还是以前的日期。

二、求职信的写作技巧

(1)字迹整洁,语言流畅。如果你的文章流畅,字也写得漂亮,首先就胜人一筹。

(2)简明扼要,言辞贴切。求职信贵在简洁,不在于长而在于精,精在开门见山、内容集中、语言简洁明快、篇幅短小精悍。

(3)富有个性,不落俗套。书写一封求职信,正如策划一则广告,要求不拘泥于通俗写法,立意新颖,以独特的语言及多元化的思维方式给对方留下深刻的印象,并引起其兴趣。

(4)精心设计,重点突出。求职信先说什么,后说什么,重点是什么,都要精心设计。要突出能引起对方兴趣的内容,主要有专业知识、工作(实习)经历、能力、特长、个性等。要根据用人单位的需求,重点突出工作(实习)经历和实际能力。

(5)实事求是,谦虚有度。写求职信就是要推销自己,要强调自己的优势,强调自己对于用人单位的价值。在介绍自己时,既要实事求是,不过分夸大,也不能过分谦虚。一个谦虚谨慎的人可以使对方产生好感,但过于谦虚会使人觉得你什么都不行。

(6)争取面试机会,勿提待遇。写求职信的目的是建立联系,争取面试机会。初次接触不要在信中提及薪水和待遇。此时谈"钱"还为时尚早,以后会有更适合的场合谈论。在求职信的最后,可请求用人单位给你回音,以争取建立下一步的联系,获得面试机会。

(7)以情动人,以诚感人。写求职信要有感情色彩,语言有情,会有助于交流思想、传递信息。要做到以情动人,关键在于要摸透对方的心理,然后根据你与对方的关系采取相应的对策。

(8)不断修正,以求完善。写求职信首先应打草稿,把自己要写的材料列出主次,并巧妙地将它们串联起来。求职信写成后,应仔细推敲,反复修改,并根据不同用人单位的不同要求来增减内容,有的甚至要重写,以求更加完美。

三、撰写求职信的注意事项

一封好的求职信,就是一张令人耳目一新的名片。要使这张名片大放光彩,要注意以下几点:

(1)对于不同的行业和用人单位,你的求职信要"投其所好"。每封求职信应以适合应聘单位为目的来精心设计,以此来向对方表明你明白他们需要什么。

（2）提出你能为用人单位做些什么。特别是要提出你能胜任他们提供的工作岗位，并举出有关的事例。

（3）集中精力于具体的职业目标。根据求职的目的来写作，把重要的内容放在首要的位置上，并加以证实。

（4）直奔主题，不要唠叨，不写空话、套话。意思表达简洁。

（5）要具有个人特色，流露出亲切感，体现出专业水平。文字不要太多和生硬，也不可过于随意。

（6）最好不要超过一页，除非用人单位进一步向你索要相关资料。

（7）用简明扼要的语言书写，避免通篇的术语，也不要出现使人费解的简称和复杂的复合句。句子结构和长度应富于变化，使阅读者总保持着读完的兴趣。

（8）用正规的纸张打印或书写。要保持字迹工整，卷面清洁。

范例一　求职信1　　范例二　求职信2

第三节　个人简历的设计

夫尺有所短，寸有所长，物有所不足，智有所不明，数有所不逮，神有所不通。

——《楚辞·卜居》

案例导入

教学视频6-3　　小艾的求职故事

一、个人简历的形式

个人简历一般有三种形式：表格式、时间顺序式、学习工作经历式。

（1）表格式：是用表格的形式列出自己的基本情况和学习、工作的经历，使人一目了然。

（2）时间顺序式：是按年月顺序，列出自己的学习、工作经历，条理清楚。

（3）学习工作经历式：是根据需要有选择地列出自己的学习、工作经历，充分表现自己的技能、品德。对于即将毕业的大学生来说，采用表格式和时间顺序式最好。

二、个人简历的内容

（1）个人资料。姓名、性别、出生年月、籍贯、政治面貌、婚姻状况、身体状况、兴趣、爱好、性格及自己的联系方式等。

（2）学历。毕业学校、所学专业、学位、主要课程成绩、外语、计算机掌握的程度。

（3）本人经历。大学以来的简单经历，主要是学习和担任社会工作的经历等，有的还可以从毕业的高中写起。

（4）技能与特长。技能水平：外语、计算机或其他水平。专业能力：专业范围内最突出、最擅长的强项，包括大学期间的论文、成果、发表的文章等。

（5）奖励和荣誉。包括大学期间获得的奖学金情况、获得的荣誉称号等。可按时间顺序排列。

（6）兴趣爱好。可以展示求职者的品德、修养、社交能力、与人合作的能力。简历中所填兴趣爱好尽量与应聘职位所需技能有关，否则会弄巧成拙。

（7）简历照片。简历上的照片一定要正式、大方、得体。要能够清晰地看到求职者的面貌轮廓。建议到正规专业照相馆拍摄正式的证件照。

（8）封面。个人简历的封面设计需注意设计合理、美观大方。封面设计中应体现出择业者的姓名、专业、年级、学校、联系方式等最基本的内容。

小贴士

个人简历核心内容见表6-1。

表6-1　个人简历核心内容

核心内容	要素	招聘方为何想知道	注意事项
基本信息	姓名 出生年月 性别 籍贯 联系电话 邮箱 其他	了解基本情况 如何联系到你	确保信息及时更新 金融业需要更多的个人信息 要针对应聘行业和岗位对个人信息进行删减
教育背景	学校 学院、专业 学历 成绩与排名 其他培训经历	你受教育的类型 学过哪些方面的知识，成绩如何 所学专业与职位的适配性	按倒序的方式来写（最近的写在最前面） 无须追溯太久，大学阶段即可

（续表）

核心内容	要素	招聘方为何想知道	注意事项
实习实践经历	校外实习 校内实践活动 志愿服务	你是否有过类似的工作经验 你在过去的实践中获得的成就 你担任过什么样的干部职务	考察你做过什么、会做什么,是非常重要的信息 每项内容要写清楚以下五个方面的内容:起止时间、组织名称、岗位、具体开展的工作、收获与业绩 重点罗列与岗位相关的活动
相关技能	语言能力 计算机能力 其他证书、认证 驾照	哪些技能可以证明你胜任这个职位	认证情况 应用情况
获奖情况	学术方面 体育方面 管理方面	你是否有过人之处	突出在不同领域的成就
兴趣爱好	参加的课外活动 爱好 其他项目	是否有其他方面的才华	突出与岗位相适配的内容

三、撰写个人简历应注意的问题

简历是获得面试机会的一张入场券,目的在于尽可能使招聘单位对自己产生兴趣,从而成功地把自己推销出去。要能够写出一份令人过目难忘的简历,需要把握好以下几个要点:

1. 内容全面,材料真实

简历内容要全面,使对方通过简历便能了解到你干过什么,你具有哪方面的能力,你所拥有的素质是否是他们所需要的。材料要真实可靠,不虚构日期、职务、工作经历和业绩等,要牢记"诚信值千金",在简历中做手脚,无异于拿自己的人格与前程做赌注。

2. 文字简洁,用词准确无误

首先,写简历应避免使用大段落文字,可适当运用编辑技巧,如各种粗体字、斜体字、下划线、段落缩进等,使重点突出、层次分明。其次,文字应简洁、易懂。所列工作或学习的时间顺序清晰、易于理解。遣词造句力求准确,不要使用拗口的语句和生僻的字眼,避免提及不相关的信息。最后,简历在送出之前,必须反复检查和推敲,保证不含任何印刷错误、语法错误及标点符号错误。

3. 充分展示自己的特长

①要将那些与应聘工作、职务相应的教育背景、工作经历、技术水平、外语水平、计算机水平等专业特长填写清楚;②将自己的一般特长,诸如善于组织宣传、曾任学生干

部、擅长书法、擅长某一运动项目、会唱歌跳舞、善于交际等,根据用人单位的需要和性质有选择地填写。

4. 版面设计合理、封面美观大方

现在,求职者写简历多是电脑打印,简历写好后,一定要调整格式,使之符合行文规范,条理清楚、标志明显。封面设计要有一个主题(标题)。一个好的主题往往能够一下子吸引用人单位的目光,促使招聘者想进一步了解求职材料的具体内容。同时,封面的设计风格与求职材料内部主体内容的风格要一致,具有统一性、整体性。最后,封面设计中应体现出择业者的姓名、专业、年级、学校、联系方式等最基本的内容。

5. 证件附后

要将证明自己资历、能力及工作经历的证明材料,如学历证明、学术论文、获奖证书、专家教授推荐信或学校推荐信等,复印一份,附于简历之后。

范例三

个人简历模板

第四节　电子简历的制作及网络求职技巧

你要追求工作,别让工作追求你。

——富兰克林

案例导入

网上求职的叶虹

一、电子简历的概述

一般来说电子简历有两种形式:第一种是直接发往公司的电子邮箱。这类电子邮件应简明扼要,既要把自己某一方面的特长讲清楚,又不能篇幅过长,还必须注明企业规定的时间。这种方式的特点是针对性强,可以与公司直接交流。第二种是在公共类的招聘网站(中华英才网、前程无忧网或者各个地方的人才网)上注册为该站的会员。按照规定的程序和要求填好个人简历,简历的内容要真实,联系方式要准确,以便用人单位全面了解和及时联系。现在这种网站的服务性较强,一旦你注册成功,将会得到良好的服务。

二、制作电子简历注意事项

1. 注明申请的职位

在发简历的时候,首先你应注明申请的是何职位,并说明你能否胜任这个工作。这样对方会认为你认真了解过公司,给你一个较高的印象分。

2. 格式简洁明了

用E-mail发出的简历在格式上应该简洁明了,重点突出,因为公司通常只看他们最感兴趣的部分。另外,发送邮件不要用附件形式,不少求职者把简历用附件的形式E-mail给公司,但收件人有时却无法打开附件。因此,不要用附件的形式发你的简历,除非你知道这家公司接受某种形式的附件。

3. 关键词很重要

求职信中有关键词也是很重要的,有些公司会通过搜索关键词来寻找符合他们条件的人选;在你的电子邮件软件里创建并保存一个求职信样式,这样稍加修改你就可以用它来申请其他的职位。

三、网上求职的方法

网上求职,就是通过互联网进行求职。求职者通过互联网查询招聘信息,填写求职信和个人简历,并通过E-mail或者网络系统提交给招聘单位。用人单位在获得求职者的求职信息后,给予求职者面试的机会。

1. 求职信要有很强的针对性

在前程无忧的求职简历库中,很多求职者的求职信针对性非常差。前程无忧的主要负责人介绍说,求职信缺乏针对性以及个性化是导致网络求职效果不好的一个技术性问题。他说,其实很多求职者在求职时往往只准备了一份求职信。当他在网上浏览时,相中谁就给谁投一份,根本不考虑发出的求职信是否和所应聘的单位、公司的文化相吻合,是否和所应聘的职位要求相吻合。而且从用人单位的角度考虑,如果你能相对多地了解他们的公司文化、发展现状、未来前景,最起码表面上说明你对用人单位做了一定程度的研究,这使你能最快地被挑选出来,赢得下一轮竞聘的机会。

2. 不要向同一单位频繁发简历

一般而言,网上的求职信息有效期是30~60天。用人单位在发布招聘后会积极准备后续工作,因此用人单位都有一定的运作周期。如果你发的简历一周没有回音的话,考虑到电子邮件收发的安全性,可以适当重发。但是,绝对不要三天两头给同一单位频繁发送求职简历和求职信,这样无疑会引起对方的反感,当然对你的求职就非常不利。

3. 不要向一家单位同时申请多个职位

在网络求职中,向一家单位同时申请多个职位的求职者不在少数。前程无忧人力资源网的专家建议,向一个单位同时申请多个职位,并不能表明你的能力超人或你是个多面手;相反,用人单位会认为你在求职时非常盲目,没有自己的既定目标,也缺乏主见,甚至在他们看来,你根本就没有清楚地了解自己。因此,向一家单位同时申请多个职位的做法不可取。这里在时间上要强调一下,投递求职简历时,一定以最新发布的用人单位为主,这样把握性要大一些。而对于那些早先发布、还在有效期之内的职位需求,因为已经进行了一段时间,收到的简历肯定不会少,你投入再多的精力也不一定会有一个好的结果。

4. 建议使用网站提供的求职信箱

国内大型人力资源网站一般给发布信息的企业设置专门的招聘信箱。如果你对某一职位感兴趣,查看完具体职位描述和要求时,页面上通常会出现"申请该职位"的提示,点击该提示后你的简历就会自动被发送过去。这就避免了因为用人单位的邮箱不够大而使你无法有效发送的矛盾。但享受这一服务的前提是你的简历必须已经在该网注册。

四、网上求职技巧

(1)求职者为了防止网上诈骗,一定要登陆正规网站。一般正规网站在刊登人才需求信息时,都会仔细验证招聘单位的真实性,要求对方能提供单位营业执照、办理人员的身份证件及加盖公章的单位证明等,严防虚假信息的发生。因此,在网上求职时,应尽量寻找那些比较正规、知名的网站,以减少不必要的麻烦。

(2)要选择适合自己的职位,要对自己投递简历的公司多了解。许多企业有自己的主页甚至网站,会在招聘启事上标明,求职者可以有针对性地访问一些公司网站进行查询。

(3)在发送简历时要在标题中注明"应聘"字样,简历中首先要写明欲应聘的职位。对于投递过简历的单位要标记,可以在未收到回复的时候电话咨询一下,以确定对方确实收到了你的邮件。

(4)登记电子简历时,应如实完整地填写已设项目,职位应从多方位考虑填写,尽量填写完整,薪金待遇要灵活确定。为保密可使用英文名字,但学历、工作经验等必须真实。

(5)随时关注首页,网站一般都会在首页放上"最新消息",这里往往包含了最新的招聘信息和政策信息等。

(6)订阅求职信息邮件。求职者可以有针对性地订阅求职信息邮件,这样只需在家里打开电子信箱,就可以得到最新、最快、最全面的求职招聘信息。

（7）主动发布求职信息。比如，在相关的人才网站上发帖子，或者建立个人主页，这样可以让用人单位较为全面地了解自己的情况，以提高成功率。

知识拓展 ○

常用求职网站

课后练习 ○

（1）撰写一份求职信，尝试与其他同学互相评价并提出建设性意见。

（2）尝试为自己做一份个人简历，力求实用、新颖、美观。

（3）毕业后你想到什么单位从事什么岗位的工作？利用网络等资源搜寻相关招聘信息，给对方投递一份求职信。

小组讨论

（1）在制作求职材料过程中，为什么"针对性"很重要？

（2）你认为获取招聘信息的有效途径有哪些？

本章要点 ◦

(1)了解面试的概念。
(2)注重面试礼仪。
(3)学习并掌握运用面试技巧。

PPT

第一节　面试前的准备工作

知己知彼,百战不殆;不知彼而知己,一胜一负;不知彼,不知己,每战必殆。

——《孙子·谋攻篇》

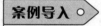

案例导入 ◦

教学视频7-1

小张的面试

一、面试的概念

所谓面试,就是为了招聘和受聘而举行的当面考试。它是用人单位招聘时最主要的一种考核方式,是供需双方互相了解的过程,是一种经过精心设计以交谈与观察为主要手段的旨在了解被试者素质及相关信息的一种测试方法。面试是一种双向的沟通,一方面,用人单位以此招聘本单位需要的人才;另一方面,毕业生借助这一方式寻找适合自己的单位和工作。

面试是就业成功的一个重要环节,是展现自我素质能力的一次难得良机,是了解用人单位的一个沟通平台,是职业生涯发展中的一个重要台阶,面试的结果将决定你是否能进入下一轮选拔或当场录用。因此,我们要做好面试前的准备工作。

二、常见的面试类型

（1）结构化面试，根据特定职位的胜任特征要求，遵循固定的程序，采用专门的题库、评价标准和评价方法，通过考官小组与应考者面对面的言语交流等方式，评价应考者是否符合招聘岗位要求的人才测评方法。结构化面试是指面试的内容、形式、程序、评分标准及结果的合成与分析等构成要素按统一制定的标准和要求进行的面试。

（2）非结构化面试，非结构化面试就是没有既定的模式、框架和程序，主考官可以"随意"向被测者提出问题，而对被测者来说也无固定答题标准的面试形式。主考官提问，问题的内容和顺序都取决于其本身的兴趣和现场应试者的回答。

（3）半结构化面试，是指面试构成要素中有的内容作统一的要求，有的内容则不作统一的规定，也就是在预先设计好的试题（结构化面试）的基础上，主考官向应试者又提出一些随机性的试题。半结构化面试是介于非结构化面试和结构化面试之间的一种形式。

（4）无领导小组讨论，指由一组应试者组成一个临时工作小组，讨论给定的问题，并做出决策。由于这个小组是临时拼凑的，并不指定谁是负责人，目的在于考察应试者的表现，尤其是看谁会从中脱颖而出。

（5）情景面试，又叫情景模拟面试或情景性面试，是面试的一种类型，也是目前最流行的面试方法之一。在情景性面试中，面试题目主要是一些情景性的问题，即给定一个情景，看应聘者在特定的情景中是如何反应的。

三、面试前的准备

俗话说："不打无准备之仗"。面试前的准备相当必要，大致有以下几个方面需要我们去注意。

1. 深入了解用人单位

面试前要尽可能多地了解用人单位及其招聘职位信息，这是你面试成功的一个重要因素。

一般来说，毕业生可通过用人单位内部宣传资料、网站、报纸、杂志、广告宣传手册和新闻媒体的报道来了解情况。掌握用人单位的性质、规模、特色、组织机构、财务状况、发展前景、企业信誉等情况。同时掌握用人单位对员工的工作要求、职责以及给予员工的报酬、培训等情况，了解用人单位招聘职位的性质、工作内容、所需知识和技能。若事先对这些情况一无所知或知之甚少，则在面试时易处于被动境地，也容易使用人单位对应试者形成"你并不了解我单位"的印象，从而影响面试成绩。

2. 充分准备各类材料

参加面试要带好个人简历、求职信、成绩单以及有关证书等材料，如各类获奖证书，外语、计算机、职业技能等级证书。如果应聘外资企业，最好将求职信、个人简历等材料准备为中英文对照格式。即使事前发过求职信和个人简历，也应该再带一份材料，以备用人单位查看。

3. 面试训练准备

刚毕业的大学生缺乏求职面试经验,在面试前有必要进行一些面试技巧训练,面试技巧的训练包括学习聆听、敏捷反应、沉着应对、说话有条理性、得体的举止、面试礼仪等。大学毕业生可以通过学校就业指导课或讲座学习、查阅有关就业指导书籍、模拟面试等途径进行训练。

4. 面试状态的调整

面试是求职过程中的关键环节。面试时的良好状态对于面试成功与否至关重要。在面试前,毕业生应在以下几方面做好面试状态的调整。

（1）调整心情。面试时一定要精神饱满,因此在参加面试前要适当放松,洗澡理发,搞好个人卫生,调节自己的生活规律,保证充分的休息时间。

（2）准备好面试服装和物品。准备好面试的服装、公文包、皮鞋及笔、记事本等需要携带的资料,甚至准备好第二天的早餐等物品。

（3）独自前往。在各类面试及咨询中,一定不要让自己的父母或亲戚朋友代劳,自己要独自前往单位进行各项相关的工作。这样,可以避免用人单位怀疑个人的独立能力和自信心。

（4）遵守约定的时间。守时是现代交际观的一种重要原则,是作为一个社会人要遵守的最起码的礼仪。面试中,最忌讳的首先就是不守时,因此,面试时千万不能迟到,而且最好能够提前到达面试地点,以便有充分的时间调整好自己的紧张情绪,也表示求职的诚意。

（5）对可能谈论到的问题的准备。虽然没有人能够在面试前知道用人单位会提出哪些问题,但提前对一些可能会提出的问题做较为充分的准备还是十分必要的。主要包括两方面准备:一是需要回答的问题;二是要提出的问题。尤其对面试过程中用人单位主考官可能提出的问题,要做更为充分的准备。

第二节　面试的内容及注意事项

决心即力量,信心即成功。

——托尔斯泰

案例导入

教学视频 7-2

展示自己优秀的一面

面试是一种综合性较强,集多种知识、能力、素质于一体的多方位的考核方式,是对毕业生多年的学习、工作情况的一次大检阅。从面试的内容来看,实际上是考核面试者的综合素质。具体来说,是思想政治素质、文化素质、能力素质和身心素质,这四种素质贯穿于面试的始终。

一、面试主要考查内容

用人单位主考官在面试中经常提哪些问题呢？以下四个方面可供毕业生们参考,并做好准备。

（1）思想政治素质。用人单位主要考察毕业生的思想觉悟、政治立场、政治理论水平、政治辨别力、政治敏锐性、道德水平等。作为毕业生,在回答的时候应突出强调自己具有一定的政治理论水平和思想觉悟,具有良好的道德修养和团队协作精神。

（2）文化素质。用人单位主要考察毕业生的文化知识结构和程度,他们希望引用一些具有较高知识水平,并能根据社会发展具体需求,将所学知识进行科学的组合,使头脑中的知识形成合理的知识结构的毕业生。作为毕业生应强调自己具有扎实的基础知识、精深的专业知识和学习运用新知识的能力。

（3）能力素质。能力素质是指用人单位考察毕业生运用知识的能力、实践能力、操作能力等,作为毕业生应具备娴熟的操作能力、流利的语言表达能力、辩证的思维能力、灵活的应变能力、较强的组织管理能力等。毕业生在面试时,应用有关的事例证明材料表明自己的能力。

（4）身心素质。身心素质主要是指用人单位考察毕业生身体素质和心理素质。未来社会,竞争日益激烈,工作节奏加快,工作压力增强,用人单位对毕业生的生理健康和心理健康也格外重视,只有身心健康的人,才有可能迎接未来工作中的竞争和挑战,取得事业的成功。作为被面试者,应该注意加强对身体的锻炼,保持良好的心理状态,在面试的场合,碰到有关心理测验的题目,应从容、冷静地予以回答。

二、面试过程中的注意事项

尽管应试者面试前做了大量的准备工作,但可能还是会出现一些意想不到的情况,若处理不好会直接影响面试的结果。这里介绍几种常见情况,以利于毕业生有针对性地加以准备,走出困境。

1. 精神紧张及克服的办法

95%以上的毕业生在接受调查时都承认自己在面试时精神紧张,精神紧张是毕业生面试时需要战胜的最大敌人。陌生的环境,被陌生的人提问,事关自己今后一段时间的发展前途,毕业生不可能不紧张,适度的紧张可以促使毕业生更加集中注意力投入面试。但若紧张过度,则对面试极为有害,不仅使应试人注意力不集中,甚至可能将事先准备的内容忘得干干净净,给主考官留下不好的印象。这里,提供几种克服紧张的方法。

（1）做好准备,从容镇定。预计到自己临场可能很紧张,应事先请有关教师或同学充当主试人,举办模拟面试,找出可能存在的问题与不足之处,增强自己克服紧张的自信心。不要将一次面试的得失看得太重要。自己紧张,你的竞争对手也不轻松,甚至可能不如你。同等条件下,谁克服了紧张、镇定、从容地回答每个问题,谁就会取得胜利。

（2）不要急着回答问题。主考官问完问题后,应试者可以考虑五至十秒钟后再作回答。这么做使你显得是那种想好了再说的人。对某些难以回答的问题,可用比较委婉的语气避开,这也是一种诚实机智的表现。

在回答时,要注意不可语速太快,快了容易使思维与表达脱节,快了也易表达不清。而你一旦意识到这些情况,会更紧张,结果导致面试难以取得应有的效果。所以,切记面试从头到尾,讲话要不急不慢,条理清楚。

2. 遇到不清楚的问题及解决办法

有时主考官提出的问题应试者听后会不知怎么回答,此时,千万不要不懂装懂,胡乱猜测。你可以婉转地问主试人是否指某方面的问题。如果真是一点也不清楚怎么去回答,就应实事求是地告诉主考官,这个方面的知识没有接触过,今后要加强这方面的学习。作为主考官也可以理解你的回答,因为世界上没有人是全知全能的,面试中遇到不懂的问题很正常。

3. 讲错了话及改正的办法

人在紧张时很容易说错话,尤其是初次参加面试的人更容易出现这种情况。若讲错的话无关大局,就不要太在意,继续专心应对下一个问题,不必因一个小错误而影响了大局。若应试者感觉说错的话比较重要,则应该及时道歉,并表达出你心中本来要讲的意思。对主考官而言,他可能更欣赏你坦诚的态度,或许你会因此而获得好感。

4. 几位主考官同时提问的回答方法

遇到几位主考官同时提问,有一些经验不足的应试者会胡乱地选择其中问题之一或部分加以回答,结果自然不能让所有主考官满意。在这种情况下,既要逐一回答,又要显得有礼貌。你可以说:"对不起,请让我先回答甲领导的问题,然后再回答乙领导的问题,可以吗?"当然,你也可以按发问的先后次序来回答。回答问题时,应试者的目光主要和发问的主试者进行交流,但也要适当顾及其他领导,让他们觉得,你是和所有考官在交流。同时,还应逐一观察提问者的反应和面试室内的气氛,以便随时调整谈话的策略和方式。

总之,面试时不论遇到什么情况,应试者都应沉着冷静,镇定自若地加以处理,千万不能惊惶失措。只要认真对待,定能化险为夷。或许这就是你获得主考官欣赏的契机。

第三节　面试礼仪

一室之不治,何以天下家国为?

——孟子

案例导入

教学视频 7-3

细节常致面试失败

在招聘、受聘过程中,求职面试是其中最富有技巧的重要环节。求职者在面试过程中注重礼仪,不仅能反映求职者的形象、个性等基本素质,而且能体现求职者的语言表达、随机应变等综合素质。因此求职者注重面试礼仪,能够更好地帮助你抓住每一次机会,在有限的时间内恰当而充分地表现自己,给招聘者留下良好的印象。

一、自我形象设计

自我形象设计是一个人对自己的外在形象,主要是头部、脸部、着装等进行的整体设计。社会心理学家认为,在公共场合,人们总是趋近于衣着整洁、仪表大方的人。因此,求职面试时,在外在形象上,应首先给对方留下良好的印象。

面试时的自我形象设计应因人、因时、因地而异,注意扬长避短,做到朴素、整洁、和谐、自然、得体,既体现时代精神,又符合自身特点。

1. 男性求职者的形象设计

男性求职者以穿正式西服为宜,不要把杂物、打火机等放入口袋,以免衣服变形;要注意脸部清洁,胡子刮干净,头发梳理整齐,但不要油头粉面;尽量不要穿运动鞋和露脚趾的凉鞋面试。如果去应聘管理性质的工作,最好带上一个公文包,给人留下干练的印象。

2. 女性求职者的形象设计

女性求职者宜穿剪裁适宜、简单大方的套装,套装比两件式上下身搭配的服装更具有专业性和职业性;服装颜色以中性为主,避免夸张、刺目的颜色,最好穿着适合自己皮肤色调的服装,这样会让人看起来精力充沛、容光焕发;衣着形式不宜过于暴露,裙装的长度应在膝盖左右,太短有失庄重;配饰应简单高雅,不要佩戴造型过于夸张、叮当作响的硬制品;注意选择适合自己的发型,但不要太前卫;化妆可根据所求职业的性质略有不同,但均应淡雅自然,切勿浓妆艳抹;同时不要喷过多的香水。面试最好穿中跟鞋,尽量避免穿平跟鞋。

二、面试的礼仪

在面试过程中,有一系列无声的语言在诉说着你的素质,例如时间的把握、手足的摆放、动作的得体度、面部表情等。也有一系列有声礼仪在表现着你的文明内涵,例如"您好""谢谢""请"等。在这里,"适度"是最为关键的,你的言谈举止既要严谨又不拘谨,能适时根据自己的身份恰到好处地表达你的敬意。

1. 守时守约

面试时一定要守时守约,不迟到或违约。遵守时间是树立个人美好形象的一个重要因素,因为恪守时间往往与讲信用紧紧联系在一起。迟到和违约都是不尊重主考官的表现,也是不礼貌的行为。如果你有客观原因需要改期面试或不能按时到场,应事先打个电话通知主考官,以免对方久等。如果已经迟到,不妨主动陈述原因,宜简洁表达,如"真对不起,路上塞车太厉害"等。

2. 关好手机

在面试时,自觉把手机关掉或设置成静音。在面试时手机作响或接听手机,是极不礼貌的行为。

3. 入室敲门

面试时,一定要敲门而入。即使面试房间门是开着或虚掩着,也要敲门。千万不要冒失推门就进,给人以鲁莽、无礼的印象。敲门时要注意敲门声音的大小和敲门的速度,一定要轻轻敲两下,待得到允许后再轻轻地进门。入室后转身把门关好,动作要轻便,尽量不发出声音,然后缓慢转身面对考官。

4. 面带微笑

在求职时,考官先留意你面部。然后才是你身体的其他部位。面带真诚、自然、由衷的微笑可以展示你的风采,表现你内在的自信、友好、亲切和健康的心理,有利于你塑造自我形象,赢得好感。

5. 称呼准确

尽可能记住每位招聘人员的姓名和职位。

6. 主动问候

求职时,你应该主动微笑着向主考官点头,打招呼,并伴以礼貌的问候:"您好"或"大家好"。当你一进入面试室便听到主考官亲切问候"你好"或"很高兴见到你"时,应该马上回答"您好"或"见到您我也很高兴"。这是一种起码的见面礼节。

7. 站姿

面对考官不论男生还是女生均宜采用标准的礼仪站姿,即双腿并拢,两手下垂相握。注意:不宜两腿岔开,手背在后面,或采用"稍息"状等。与人握手时,要把上身前倾,表示谦恭。

8. 坐姿

在求职场合,不要未经许可就自己坐下,要站在原地,等待主考官对你说"请坐"后再落座,这叫必要的"矜持"。男性就座时,双脚踏地,双膝之间至少有一拳距离,双手可分别放在左右膝盖。女性就座,双腿并拢斜放一侧。坐下后,身体挺直,头部端正,目光平视面试官。身子一般占座位的三分之二。

9. 行姿

两眼平视前方,抬头、梗颈、收腹、挺胸、立腰。身体重心落于足的中央,不可偏斜。迈步前进时,重心应从中移到足的前部。腰部以上至肩部应尽量减少动作,保持平稳。双臂靠近身体随步伐前后摇动,手指自然弯曲朝向身体。行走路线尽可能保持平直,步幅适中,协调稳健、轻松敏捷给人以动态之美,表现出朝气蓬勃、积极向上的精神状态。

10. 递物礼仪

面试时要带上个人简历、证件、介绍信或推荐信等必要的求职资料。见面时,一定要保证不用翻找就能迅速取出所有需要的资料。在送上这些资料时,应把资料的文字正面对着考官,双手奉上,口中说:"这是我的相关材料,请您过目。"表现得大方、得体和谦和。

11. 握手礼仪

进到面试室,应是主考官先伸手,然后你右手迎,热情地一握。如果主考官没有伸手与你握手。你切勿贸然伸手与对方握手。你可以点头,微笑表示问候。告别时,当主考官说"面试到此结束!"时,你站起之后,要主动与主考官握手,同时说"谢谢! 再见!",走出门后,面向室内把门关上。

12. 注意举止小节

除公文包、小皮包、面试材料外,其他东西不要带进面试办公室。不要借用考官或办公室的电话;不随地吐痰、扔杂物纸屑,不高声讲话、唾沫横飞、嚼口香糖等;不在考官面前挖鼻孔、掏耳朵、揉眼睛、抓头皮、摆弄衣角、伸懒腰、打哈欠、弹身上的灰尘,整理内衣和重整发型等;不过分在空间上与考官拉近距离。

知识拓展

面试中常见的问题及回答思路

课后练习

(1)为自己进行面试形象设计。
(2)准备用于求职的自我介绍。

小组讨论

(1)搜集面试常见问题,并自我回答。
(2)根据本章知识,5人为一小组开展模拟面试。

第八章　就业权益维护与就业程序

本章要点

(1)了解就业协议书的含义和内容,熟悉就业协议书的订立。

(2)掌握劳动合同的基本概念,了解劳动合同的订立、解除程序及原则等相关注意事项。

(3)掌握毕业生报到基本程序和就业报到证的作用及其更改、遗失补办的程序;了解毕业生档案户口迁移去向。

PPT

第一节　就业协议书

诚者,天之道也;思诚者,人之道也。

——孟子

案例导入

教学视频 8-1

险入求职陷阱

一、就业协议书的含义及签订原则

1. 就业协议书的含义

就业协议书,是《全国普通高等学校毕业生就业协议书》的简称,是普通高等学校毕业生和用人单位在正式确立劳动人事关系前,经双向选择,在规定期限内确立就业关系、明确双方权利和义务而达成的书面协议。它是用人单位确认毕业生相关信息真实可靠以及接收毕业生的重要凭据,也是高校进行毕业生就业管理、编制就业方案以及毕业生办理就业落户手续等有关事项的重要依据。需要注意的是,该协议的效力在毕业生到单位报到、用人单位正式接受签订劳动合同后自行终止。

就业协议书一般由国家教育部或各省、市、自治区就业主管部门统一制表,一式三份,经大学生、用人单位签字盖章后生效,用人单位、大学生本人及学校招生就业处各保留一份。图8-1为四川省普通高等学校毕业生就业协议书。

2. 就业协议书的签订原则

(1)主体合法原则。签订就业协议书的当事人必须具备合法的主体资格。对毕业生来说,是指必须取得毕业资格,如果学生在派遣的时候还没有取得毕业资格,用人单位可以不予接收且不需要承担任何法律责任;对用人单位来说,是指必须具备从事各项经营或管理活动的能力,应该有录用毕业生计划和录用自主权,否则毕业生有权解除协议,并且无须承担违约责任。

(2)平等协商原则。签订就业协议书的当事人都具有平等的法律地位,任何一方都不能将自己的意志强加给另一方。用人单位不能在签订就业协议书时要求毕业生交纳风险金、保证金等。除了协议书规定的内容以外,各方如果有其他需要约定的事项,可以在协议书的"备注"栏内加以补充说明,补充协议同样具有约束力。

(3)诚实信用原则。签订就业协议书作为一种法律行为,在订立时毕业生、用人单位都应遵循诚实信用原则,就业协议书一经签字、盖章即生效,对各方均有约束力,都应秉持诚实信用原则,全面履行就业协议书的各项约定。

二、就业协议书的主要内容

为了规范大学生与用人单位签订就业协议的行为,教育部门制定了统一的就业协议书,并要求各高等院校统一使用,其目的在于明确大学生、用人单位、学校三方面的权利和义务,以维护国家就业计划的严肃性。

就业协议书内容主要由以下部分构成:甲方(用人单位)的基本信息、乙方(毕业生)的基本信息、规定条款、其他约定内容(用人单位和毕业生可以就该协议的其他具体内容进行约定,如工作地点、工作岗位、工资待遇、违约责任等;约定内容可写入该部分,同样作为就业协议书的一部分)和各方鉴证盖章。

三、就业协议书的签订程序

就业协议书的签订是大学生和用人单位供需见面、双向选择之后达成一致意见的结果。签约一般需经过以下程序:

(1)大学生本人填写乙方基本信息,并在协议书上签署自己同意到选定单位工作的意见,同时签署本人姓名及身份证号码。

(2)用人单位填写甲方基本信息,并在协议书上签署同意接收该毕业生的文字意见,并签名盖章。用人单位应在协议书上注明可以接收毕业生档案的名称和地址。如果用人单位没有人事决定权,则须报用人单位上级主管部门批准盖章。

四川省普通高等学校毕业生就业协议书

用人单位：_____

学生姓名：_____

学　　号：_____

学校名称：_____

专　　业：_____

No.12638201903429

本协议供普通高等学校应届毕业生在与用人单位正式确立劳动人事关系前使用，由甲方（用人单位）和乙方（高校毕业生）在双向选择基础上共同签订，是用人单位确认毕业生信息真实可靠、接收毕业生的重要凭证，也是高校进行毕业生就业管理、编制就业方案及毕业生办理就业手续的重要依据。甲乙双方基本信息如下：

	单位名称				
用人单位信息	单位性质	□机关　□科研设计单位　□高等教育单位　□中初教育单位 □医疗卫生单位　□其他事业单位　□国有企业　□三资企业 □其他企业　□部队　□农村建制村　□城镇社区 □其他			
	统一社会信用代码		通讯地址		
	联系人		联系电话		E-MAIL
报到证签往单位信息	单位名称				
	单位地址				
档案接收单位信息	单位名称				
	单位地址				
	联系方式			邮政编码	
	户口迁移地址				
乙方基本信息	姓名		性别		政治面貌
	民族		学历		学制
	培养方式		出生年月		毕业时间
	本人联系电话				E-MAIL
	联系地址			邮政编码	
学校就业工作部门联系方式	四川水利职业技术学院招生就业处 联系电话：028-68611971 / 68611777(传真) 邮　　箱：18080463650qq.com 地　　址：成都崇州羊马镇永和大道366号 学院网址：www.swcve.net.cn				

甲方基本信息

甲乙双方按照国家关于高校毕业生就业的相关政策，本着诚实守信原则，经过自愿、平等协商，达成如下协议：

一、甲方如实向乙方介绍本单位及招聘岗位情况，乙方如实向甲方介绍自身情况，双方在充分了解、双向选择基础上，签订本协议。

二、乙方到甲方报到后，甲乙双方须按照国家有关规定签订劳动合同。劳动合同签订后，本协议自动终止。

三、乙方试用期满后，如无被证明不符合聘（录）用条件、严重违纪违章及因违法被追究刑事责任的情况，甲方应将乙方转为正式员工（签订劳动合同）。

四、甲方正式录（聘）用乙方后，须按国家有关规定，为乙方缴纳社会保险费，并提供与工作岗位相关的福利待遇。

五、甲方负责协助解决乙方在工作单位所在地落户的问题。如乙方不够在工作单位所在地落户的条件，或乙方自愿选择其他落户地，可经双方协商后，乙方直接回原籍或自愿选择的地方落户，档案随迁。

六、甲方在招聘时提供的具有承诺性质的书面宣传材料和乙方应聘时提供的书面自荐材料，均自动作为本协议的附件。

七、本协议经甲乙双方签字（或盖章）后生效。双方应严格履行协议约定内容，若任何一方违约，均须承担违约责任。

八、履行本协议中任何一方需变更约定事项，均须征得对方同意。若发生争议，甲乙双方可通过相互协商、申请调解、申请仲裁或法律途径解决。

九、本协议一式三份，分别由甲方、乙方和学校就业工作部门留存，复印无效。乙方须在签订协议后十五个工作日内，将协议书交回学校就业

工作部门。

十、其他约定内容（备注）如下：

甲方招聘意见：　　　　　　　　乙方应聘意见：

经办人：　　　　　　　　　　　签字：
（单位盖章）　　　　　　　　　身份证号码：

　年　月　日　　　　　　　　　年　月　日

图8-1　四川省普通高等学校毕业生就业协议书

（3）用人单位或大学生应及时无误地将其中一份协议书送回学校招生就业处备份汇总数据并作为派遣大学生（报到证、档案）的重要依据，就业协议书未及时无误地送回学校招生就业处而造成派遣错误的损失由大学生自行承担。

（4）大学生应及时无误地将就业协议书送达用人单位。未送达用人单位，并以此为理由要求重新选择用人单位的，一律按违约处理；就业协议书未及时准确地送达用人单位，报到时用人单位拒绝接收的，所产生的后果由大学生自行承担。

四、就业协议书注意事项

用人单位与毕业生在就业协议书上签字盖章后，就业协议书就具有法律效力，并且直接涉及毕业生的切身利益，故应慎重对待就业协议书，特别注意以下几个方面：

1. 更换就业协议书的程序

如果想要对已签订生效的就业协议书进行变更，需要履行相应的变更流程：

（1）提供原签约单位书面同意解除协议的函件（须加盖单位公章），如已有新的就业单位，还须同时提供新单位同意接收的函件。

（2）交回原就业协议书（包括原就业单位和学生本人所持协议书）。

（3）上述条件具备后，由本人提出书面申请，说明需变更就业协议书的原因，辅导员、系部签署意见并加盖公章后，经招生就业处批准后换发新的就业协议书。

2. 就业协议书遗失补办

如果毕业生不慎将协议书遗失，学校原则上不再补发，若因特殊情况需要补发时，必须履行以下流程：①登报挂失；②由本人向所在系部提出书面申请，详细说明遗失原因及过程；③经系部书记审核并签署意见、加盖公章后，报招生就业处备案。

由于遗失协议书造成的违约责任，由遗失者承担。

3. 就业协议解除和违约

（1）就业协议的解除。解除就业协议，是指在就业协议期限届满之前提前终止就业协议的法律效力，解除双方的权利和义务关系的法律行为。解除就业协议的行为可以分为协商解除和单方依法或依协议解除两种。

协商解除是指毕业生、用人单位协商一致，取消原订立的协议，使协议不发生法律效力，各方均不承担法律责任的解除方式。

单方依法或依协议解除，是指一方解除就业协议有法律或协议上的依据，比如大学生未取得毕业资格，用人单位有权单方解除就业协议，或依协议规定大学生继续深造、参军，解除就业协议。此类就属于单方解除，解除方无须承担法律责任。

（2）就业协议违约。就业协议书签订生效后即具有法律效力，任何一方均不得擅自解除，如果一方擅自解除协议，就是违约，违约方应该向权利受损方支付协议条款中约定的违约金。

第二节 劳动合同

法律是显露的道德,道德是隐藏的法律。

——林肯

案例导入

教学视频 8-2

小张离职的原因

一、劳动合同的概念及种类

党的十一届三中全会以后,为了适应我国经济体制改革的需要,从 1980 年开始,一些地方开始试行劳动合同制;1995 年 1 月 1 日起我国施行的《中华人民共和国劳动法》(以下简称《劳动法》)以法律形式确定了劳动合同制度;2008 年 1 月 1 日起施行的《中华人民共和国劳动合同法》(以下简称《劳动合同法》)进一步明确规定了劳动合同的订立履行和变更、解除和终止、监督检查、法律责任等,它是调整劳动合同双方当事人权利和义务关系的基本法律;2008 年 9 月 18 日国务院公布施行的《中华人民共和国劳动合同法实施条例》(以下简称《劳动合同法实施条例》)是《劳动合同法》的配套法规。

1. 劳动合同的概念

劳动合同,是指劳动者与用工单位之间确立劳动关系,明确双方权利和义务的协议。签订劳动合同,是在法律上确立劳动者与用人单位的劳动关系,并且双方的有关权利、义务均通过书面合同的形式确立下来,使之具体化。

2. 劳动合同的种类

根据《劳动合同法》的规定,劳动合同可以分为固定期限劳动合同、无固定期限劳动合同和以完成一定工作任务为期限的劳动合同。

(1)固定期限劳动合同,指用人单位与劳动者约定了合同终止时间的劳动合同。劳动合同期限届满,劳动关系即告终止。用人单位与劳动者协商一致,可以订立固定期限的劳动合同。

(2)无固定期限劳动合同,是指用人单位与劳动者约定无确定终止时间的劳动合同。

（3）以完成一定工作任务为期限的劳动合同，是指双方当事人把完成某项工作或劳动任务作为劳动关系的存续期间，约定任务完成后合同即自行终止的劳动合同。用人单位与劳动者协商一致，可以订立以完成一定工作任务为期限的劳动合同。

小贴士

第十四条　无固定期限劳动合同，是指用人单位与劳动者约定无确定终止时间的劳动合同。用人单位与劳动者协商一致，可以订立无固定期限劳动合同。有下列情形之一，劳动者提出或者同意续订、订立劳动合同的，除劳动者提出订立固定期限劳动合同外，应当订立无固定期限劳动合同：

（一）劳动者在该用人单位连续工作满十年的；

（二）用人单位初次实行劳动合同制度或者国有企业改制重新订立劳动合同时，劳动者在该用人单位连续工作满十年且距法定退休年龄不足十年的；

（三）连续订立二次固定期限劳动合同，且劳动者没有本法第三十九条和第四十条第一项、第二项规定的情形，续订劳动合同的。

用人单位自用工之日起满一年不与劳动者订立书面劳动合同的，视为用人单位与劳动者已订立无固定期限劳动合同。

——《劳动合同法》

二、劳动合同的订立原则

教学视频8-3

在订立劳动合同时必须遵循合法、公平、平等自愿、协商一致、诚实信用的原则。

（1）合法原则：劳动合同订立必须合法进行，要做到主体合法、形式合法和内容合法。

①主体合法：劳动者必须是具备劳动行为能力的年满十六周岁的自然人；用人单位（文艺、体育和特种工艺单位经县级以上劳动行政部门批准除外）必须具备用人资格。

②形式合法：劳动合同必须采取法律规定的形式，《劳动法》《劳动合同法》中都将书面形式作为劳动合同的法定形式。

③内容合法：劳动合同的各项条款如劳动合同期限、工作内容、工作时间、休息休假等都必须符合国家法律、法规的规定，违反法律法规强制性规定的条款无效。

（2）公平原则：劳动合同内容要求公平合理，用人单位不得以强势地位压制劳动者而制定显失公平的合同条款。

（3）平等自愿原则：劳动者和用人单位在订立劳动合同时法律地位是平等的，订立劳动合同必须是出于劳动者和用人单位的真实意思表示，出于自愿而签订，任何一方不得将自己的意志强加给另一方。

（4）协商一致原则：劳动合同各方当事人就合同的内容、条款在法律允许的范围内进行协商，达成合意后，合同方能成立、生效。

（5）诚实信用原则：用人单位和劳动者在订立劳动合同时要诚实，讲信用，不得欺诈对方。根据《劳动合同法》的规定,用人单位招用劳动者时,应当如实告知劳动者工作内容、工作条件、工作地点、职业危害、安全生产状况、劳动报酬,以及劳动者要求了解的其他情况;当然用人单位也有权了解劳动者与劳动合同直接相关的基本情况,劳动者应当如实说明。

三、劳动合同的内容

1. 劳动合同的内容

劳动合同应当以书面形式订立,并具备以下条款:

教学视频8-4

（1）用人单位的名称、住所和法定代表人或者主要负责人。

（2）劳动者的姓名、住址和居民身份证或者其他有效身份证件号码。

（3）劳动合同期限。

（4）工作内容和工作地点。

（5）工作时间和休息休假。

（6）劳动报酬。

（7）社会保险。

（8）劳动保护、劳动条件和职业危害防护。

（9）法律、法规规定应当纳入劳动合同的其他事项。

除上述必备条款外,劳动者与用人单位还可以在劳动合同中约定其他内容,如试用期、保守商业秘密、住房或食宿、解决夫妻两地分居、子女入学、商业保险等有关事项。

2. 劳动合同内容中的注意事项

（1）工作时间。工作时间制度即工时制度,我国目前有三种工时制度,即标准工时制、综合计算工时制、不定时工时制。

标准工时制,是指劳动者每日工作时间不超过八小时、平均每周工作时间不超过四十小时的工时制度。该种制度下,用人单位每周应保证劳动者至少休息一天;如果是因为生产经营需要,经与工会和劳动者协商,一般每天延长工作时间不得超过一小时,特殊原因每天延长工作时间不得超过三小时,每月延长工作时间不得超过三十六小时。标准工时制是我国目前运用最为广泛的一种工时制度。

综合计算工时制,是指经人力资源和社会保障行政部门批准,可以按周、月、季、年等为周期综合计算工作时间,平均每日工作时间不得超过八小时,平均每周工作时间不得超过四十小时。

不定时工时制,是指经人力资源和社会保障行政部门批准,用人单位采用弹性工作时间等适当的工作和休息方式,确保职工的休息休假权利和生产、工作任务的完成。

（2）休息休假。劳动者的休息时间可以分为工作日内的间歇休息时间、工作日之间的休息时间以及工作日之外的休息时间。若用人单位安排劳动者延长工作时间进行加班的,需要向劳动者支付不低于工资的150%的工资报酬。如果是在休息日安排劳动者工作又无法安排补休的,需要支付不低于工资的200%的工资报酬。

劳动者的休假分为法定节假日休假和带薪年休假,法定节假日安排劳动者工作的用人单位应支付不低于工资300%的工资报酬。如果因用人单位生产工作情况,不能安排劳动者年休假或者安排天数少于应休天数,应当按日工资收入的300%支付未休年休假的工资报酬。

小贴士

法定节假日

法定节假日是指各国、各民族根据风俗习惯或纪念的要求,由国家法律统一规定的用以进行庆祝及度假的休息时间。法定节假日制度是国家政治、经济、文化制度的重要反映,涉及经济社会的多个方面,涉及广大人民群众的切身利益。法定节假日的休假安排,为居民出行、购物和休闲提供了时间上的便利,为拉动内需、促进经济增长做出了积极贡献。

根据我国《全国年节及纪念日放假办法》,全体公民放假的法定节假日有:新年,放假1天(1月1日);春节,放假3天(农历正月初一、初二、初三);清明节,放假1天(农历清明当日);劳动节,放假1天(5月1日);端午节,放假1天(农历端午当日);中秋节,放假1天(农历中秋当日);国庆节,放假3天(10月1日、2日、3日)。同时允许周末上移下错,与法定节假日形成连休,每年具体的放假安排由国务院办公厅进行通知。

带薪年休假

为了维护职工休息休假权利,调动职工工作积极性,我国2008年1月1日开始施行《职工带薪年休假条例》。该条例要求,机关、团体、企业、事业单位、民办非企业单位、有雇工的个体工商户等单位的职工连续工作1年以上的,享受带薪年休假(以下简称年休假)。单位应当保证职工享受年休假。职工在年休假期间享受与正常工作期间相同的工资收入。

职工累计工作已满1年不满10年的,年休假5天;已满10年不满20年的,年休假10天;已满20年的,年休假15天。国家法定节假日、休息日不计入年休假之中。

(3)工资。用人单位向劳动者支付工资须根据《劳动法》规定进行。

工资的支付形式:工资应当以法定货币支付,不得以实物及有价证券替代货币支付。

工资的支付时间:工资应当按月支付给劳动者。

用人单位支付劳动者的工资不得低于当地最低工资标准。

(4)试用期。试用期条款不是劳动合同的必备条款,用人单位和劳动者可以约定试用期,法律对试用期的期限、工资标准等做了限制性规定。

试用期是指用人单位和劳动者双方为相互了解,确定对方是否符合自己的招聘条件或求职条件而约定的考察期。试用期的期限受劳动合同期限的限制,《劳动合同法》

对试用期的期限进行了分层细化,具体如表8-1所示。

表8-1　试用期期限

劳动合同期限	试用期期限
以完成一定工作任务为期限	不得约定试用期
不满三个月	不得约定试用期
三个月以上不满一年	不得超过一个月
一年以上不满三年	不得超过两个月
三年以上	不得超过六个月
无固定期限	不得超过六个月

注:《民法总则》第205条:民法所称的"以上""以下""以内""届满",包括本数;所称的"不满""超过""以外",不包括本数。

根据《劳动合同法实施条例》第十五条规定,劳动者在试用期的工资不得低于本单位相同岗位最低档工资的80%或者不得低于劳动合同约定工资的80%,并不得低于用人单位所在地的最低工资标准。

还需注意的是:同一用人单位与同一劳动者只能约定一次试用期;试用期期间用人单位与劳动者已经建立了劳动关系,故必须签订劳动合同,并缴纳社会保险;试用期包含在劳动合同期限内,劳动合同仅仅约定了试用期的,试用期不成立,该期限直接视为劳动合同期限。

范例一

小夏

四、订立劳动合同的时间

1. 合法订立劳动合同的时间

根据《劳动合同法》规定,建立劳动关系应当订立书面劳动合同,已建立劳动关系未同时订立书面劳动合同的,应当自用工之日起一个月内订立书面劳动合同。

用人单位与劳动者订立劳动合同的时间,可以在用工之前,可以在用工开始的同时,但是最迟必须在用工之日起的一个月内。

2. 违法订立劳动合同的责任

劳动合同应当在用工之日起一个月内订立,如果用人单位自用工之日起超过一个月不满一年未与劳动者订立书面劳动合同的,应当从用工之日起第两个月开始支付两倍工资,直到补订书面劳动合同的前一天;如果用人单位自用工之日起满一年未与劳动者订立书面劳动合同的,除需要支付十一个月的两倍工资之外,还将视作自用工之日起满一年当日已经与劳动者订立了无固定期限劳动合同,用人单位应与劳动者补订书面无固定期限劳动合同。

五、劳动合同的解除和终止

在劳动合同纠纷中,劳动合同解除和终止是产生争议较多的事由,解除和终止是两个不同的概念。劳动合同的解除,是指依法订立且生效的劳动合同尚未履行或尚未全部履行完毕前,劳动合同当事人提前结束劳动关系的法律行为。劳动合同的终止,是合同自然到期或出现法定事由、约定事由劳动合同无法继续履行。

一般而言,劳动合同是不能随意解除的,因为本质上这违反了契约精神,违反了签订劳动合同时的承诺。故法律设置了相应限制,以规范劳动合同的解除。

1. 用人单位解除劳动合同的情形

(1)协商一致。

(2)"即时通知解除"(又称"过失性解除劳动合同"),如果劳动者出现下列情况用人单位可以单方面解除劳动合同,并且无须支付任何补偿:

劳动者在试用期间被证明不符合录用条件的;劳动者严重违反用人单位的规章制度的;劳动者严重失职,营私舞弊,给用人单位造成重大损害的;劳动者同时与其他单位建立劳动关系,对完成本单位的工作造成严重影响,或经用人单位提出,拒不改正的;劳动者以欺诈、胁迫的手段或乘人之危,使用人单位在违背真实意思的情况下订立或变更劳动合同,导致劳动合同无效的;劳动者被依法追究刑事责任的。

(3)预告通知解除及代通知金制度,也称为无过失性解除劳动合同,指在合同履行过程中因客观情况的变化或不可归责于任何一方的过失,用人单位在向劳动者事先通知后单方解除劳动合同的行为。这种情况下用人单位依法提出解除或终止劳动合同时应该提前三十日,以书面的形式通知劳动者本人,如果用人单位没有依法提前三十日通知的,则需要额外支付一个月工资作为代替,方可解除劳动合同。

下列情形可以适用该种解除方式:劳动者患病或非因工负伤,在规定的医疗期满后不能从事原工作,也不能从事由用人单位另行安排的工作的;劳动者不能胜任工作,经培训或调整工作岗位,仍不能胜任的;合同订立时所依据的客观情况发生重大变化,致使合同无法履行,经用人单位与劳动者协商,未能就变更合同内容达成协议的。

(4)经济性裁员,包括下列情形:用人单位依照企业破产法规定进行重整的;用人单位生产经营发生严重困难的;企业转产、重大技术革新或经营方式调整,经变更劳动合同后,仍需裁减人员的;其他因合同订立时所依据的客观经济情况发生重大变化,致使合同无法履行的。

如果用人单位需要裁减人员在二十人以上或者裁减不足二十人但占企业职工总数百分之十以上的,用人单位应提前三十日向工会或者全体职工说明情况,听取工会或者职工的意见后,裁减人员方案经向劳动行政部门报告,可以裁减人员。

2. 劳动者解除劳动合同的情形

（1）双方协商一致的。

（2）提前通知解除：为了给用人单位寻找新员工补缺的时间，劳动者应当提前三十日以书面通知用人单位，解除劳动合同；试用期内提前三日通知用人单位，解除劳动合同。

（3）即时通知解除：在用人单位存在过错的情形下，劳动者可不履行提前三十天程序性义务。如：用人单位未依合同约定提供劳动保护或劳动条件；用人单位未及时足额支付劳动报酬的；用人单位未依法为劳动者缴纳社会保险费的；用人单位的规章制度违反法律、法规且损害劳动者权益的；用人单位欺诈、胁迫或乘人之危，使劳动者在违背真实意思的情况下订立或变更合同的；用人单位在劳动合同中免除自己的法定责任、排除劳动者权利的；用人单位违反法律、行政法规强制性规定的；法律、行政法规规定劳动者可解除劳动合同的其他情形。

用人单位存在以上情形，劳动者可以不用提前通知，但仍需履行告知程序。

（4）无需通知立即解除：若用人单位的过错已经可能危害劳动者的人身安全，或者已经出现犯罪行为，劳动者无须履行告知义务，即可随时解除劳动合同。这类情形包括：用人单位违章指挥、强令冒险作业危及劳动者人身安全的；用人单位以暴力、威胁或非法限制人身自由的手段强迫劳动的。

3. 用人单位不得解除劳动合同的情形

（1）未进行离岗前职业病健康检查，或疑似职业病病人在诊断或医学观察期间的。

（2）在本单位患职业病或因工负伤并被确认丧失或部分丧失劳动能力的（需依据国家《工伤保险条例》的规定执行）。

（3）患病或负伤，在规定的医疗期内的。

（4）女职工在孕期、产期、哺乳期。

（5）在本单位连续工作满十五年，且距法定退休年龄不足五年的。

（6）法律、行政法规所规定的其他情形。

需注意的是，这些情形适用于用人单位无过失性解除劳动合同和经济性裁员之中，如果是劳动者本身存在过失，用人单位不受限制，仍可以单方面解除劳动合同。

4. 劳动合同的终止和逾期终止

劳动合同的终止的情形包括：劳动合同期满的；劳动者开始依法享受基本养老保险待遇的；劳动者死亡或被法院宣告死亡、失踪的；用人单位被依法宣告破产的；用人单位被吊销营业执照、责令关闭、撤销或者用人单位决定提前解散的；法律、行政法规规定的其他情形。

劳动合同逾期终止是指劳动合同终止的情形出现，但因具有法定情形时，劳动合同应当延续至该情形消失。

具体而言，这些情况包括：对解除职业病危害作业的劳动者未进行离岗前职业健康检查或疑似职业病病人在诊断或医学观察期间的，合同不能终止；患病或负伤，在规定的医疗期内，合同终止情形出现，应延缓至医疗期届满才终止；女职工在孕期、产期、哺乳期（女职工"三期"）的，合同终止的情形出现，应延缓至"三期"届满才终止；合同到期时，劳动者在本单位连续工作满十五年，且距法定退休年龄不足五年的，需将合同保留至其退休；法律、行政法规规定的其他情形；劳动者患职业病或因工负伤并被确认丧失或部分丧失劳动能力的（被鉴定为一级至四级伤残的），保留劳动关系，退出工作岗位，具体需按照国家《工伤保险条例》的规定执行。

如果用人单位违反规定解除或者终止劳动合同，劳动者要求继续履行劳动合同的，用人单位应当继续履行；劳动者不要求继续履行劳动合同或者劳动合同已经不能继续履行的，用人单位应当以经济补偿标准的二倍向劳动者支付赔偿金。

六、劳动合同的常见注意事项

1. 实习期、见习期和试用期

（1）实习期。实习期是指在校学生充分结合自己的理论知识，参加社会实践工作，以充分提高自身综合素质和工作适应能力的一段时期。它有助于学生将来找到一份适合自己的职业。提前熟悉即将就职单位的基本情况，也能给本人和聘用单位一个相互熟悉、了解的机会。

实习期当事人必须有一方是在校学生，这是实习期与见习期、试用期的最明显的区别；实习期期间更主要体现的是学生的目的，学生想要通过实习提高自身的综合素质和工作适应能力。其次才是通过实习提前熟悉单位情况，与单位相互了解。

（2）见习期。见习期是指行政、事业单位在人事制度的框架下对应届毕业生进行业务适应及考核的一种制度。虽从性质上看，见习期也是一种试用期，但它并不是劳动法意义上的企业与员工之间的"试用期"。见习期与国家干部身份有关，所以目前见习期仅对事业单位和国家机关适用。国家对机关新聘用人员实行见习期的时间也有明确规定，见习期为六个月到一年，最长不超过一年。

（3）试用期。试用期是指用人单位和劳动者双方相互了解，确定对方是否符合自己的招聘条件或求职条件而约定的考察期。法律对试用期的期限、工资标准等做了限制性规定。

2. 违约金

教学视频8-5

违约金是指合同中约定的，当事人一方不履行合同时向对方交纳的一定数额的金钱。在《中华人民共和国合同法》（以下简称《合同法》）中，几乎所有的合同都可以约定违约金，但《劳动合同法》对违约金实行了限制性规定。根据《劳动合同法》第二十五条，用人单位只能在两种情况下约定由劳动者来承担违约金。

（1）服务期违约。用人单位为劳动者提供专项培训费用，对其进行专业技术培训的，可以与该劳动者订立协议，约定服务期。劳动者违反服务期约定的，应当按照约定向用人单位支付违约金。

违约金的数额不得超过用人单位提供的培训费用，且用人单位要求劳动者支付的违约金不得超过服务期尚未履行部分所应分摊的培训费用。

（2）竞业限制期违约。竞业限制期是指用人单位和知悉本单位商业秘密或者其他对本单位经营有重大影响的劳动者，在终止或解除劳动合同后的一定期限内不得在生产同类产品、经营同类业务或有其他竞争关系的用人单位任职，也不得自己生产与原单位有竞争关系的同类产品或经营同类业务，竞业限制期限最长不超过两年。

劳动者违反竞业限制约定的，如果竞业限制协议中约定了违约金，则用人单位可以要求劳动者支付违约金；如果竞业限制中没有约定违约金的，用人单位可以依据《劳动合同法》的规定，要求劳动者承担损害赔偿责任。

小贴士

竞业限制

第二十三条　用人单位与劳动者可以在劳动合同中约定保守用人单位的商业秘密和与知识产权相关的保密事项。

对负有保密义务的劳动者，用人单位可以在劳动合同或者保密协议中与劳动者约定竞业限制条款，并约定在解除或者终止劳动合同后，在竞业限制期限内按月给予劳动者经济补偿。劳动者违反竞业限制约定的，应当按照约定向用人单位支付违约金。

第二十四条　竞业限制的人员限于用人单位的高级管理人员、高级技术人员和其他负有保密义务的人员。竞业限制的范围、地域、期限由用人单位与劳动者约定，竞业限制的约定不得违反法律、法规的规定。

在解除或者终止劳动合同后，前款规定的人员到与本单位生产或者经营同类产品、从事同类业务的有竞争关系的其他用人单位，或者自己开业生产或者经营同类产品、从事同类业务的竞业限制期限，不得超过二年。

——《劳动合同法》

范例二

工程师离职退回竞业限制补偿金 跳槽被判赔50万

3. 经济补偿金

根据《劳动合同法》有下列情况的，可以向用人单位要求经济补偿金。

（1）因用人单位存在过错导致劳动者提出解除劳动合同的。

（2）用人单位向劳动者提出解除劳动合同，并与劳动者协商一致解除劳动合同的。

（3）用人单位依照本法第四十条规定解除劳动合同的。（具体指用人单位因下列情形与劳动者解除劳动合同的：劳动者患病或非因工负伤，在规定的医疗期满后不能从事原工作,也不能从事由用人单位另行安排的工作的;劳动者不能胜任工作,经培训或调整工作岗位,仍不能胜任的;合同订立时所依据的客观情况发生重大变化,致使合同无法履行,经用人单位与劳动者协商,未能就变更合同内容达成协议的。)

（4）用人单位依照《企业破产法》规定进行重整时裁员,解除劳动合同的。

（5）除用人单位维持或者提高劳动合同约定条件续订劳动合同,劳动者不同意续订的情形外,因劳动合同期满终止固定期限劳动合同的。

（6）用人单位被依法宣告破产、被吊销营业执照、责令关闭、撤销或者用人单位决定提前解散,终止劳动合同的。

（7）法律、行政法规规定的其他情形。

经济补偿金按劳动者在本单位工作的年限,每满一年支付一个月工资的标准向劳动者支付。六个月以上不满一年的,按一年计算;不满六个月的,向劳动者支付半个月工资的经济补偿。

劳动者月工资高于用人单位所在直辖市、设区的市级人民政府公布的本地区上年度职工月平均工资三倍的,向其支付经济补偿的标准按职工月平均工资三倍的数额支付,向其支付经济补偿的年限最高不超过十二年。

该处的月工资是指劳动者在劳动合同解除或者终止前十二个月的平均工资。

七、解决劳动纠纷的途径

发生劳动人事争议,可以通过协商解决。当事人不愿协商或协商不成的,一般有四种权利救济途径(图8-2):

（1）对用人单位违反劳动保障法律、法规和规章的情况,可向劳动行政部门举报、投诉。

（2）向劳动争议调解机构申请调解。

（3）向劳动争议仲裁委员会申请仲裁。

（4）仲裁未果,可向人民法院提起诉讼。劳动争议仲裁是劳动争议诉讼的前置程序,未经仲裁,劳动争议当事人不得直接向人民法院起诉。

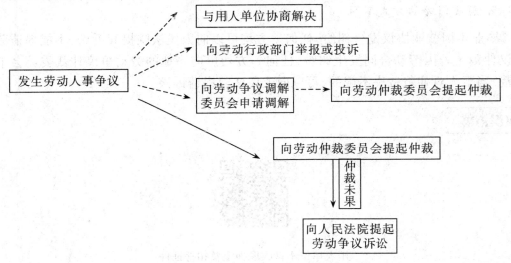

图8-2 解决劳动纠纷的途径

115

八、就业协议书与劳动合同的区别

1. 适用的主体不同

就业协议书专指高校应届毕业生与用人单位签订的协议,协议主体包括毕业生、用人单位。毕业生与用人单位是平等的主体,学校也一定程度上制约着毕业生与用人单位的签约行为。

劳动合同是劳动者与用人单位以平等主体的身份签订的,无须第三人的介入和干涉。另外,签订劳动合同,确立劳动关系的劳动者既可以是高校的大学生,也可以是其他劳动者。

2. 签订的内容不同

就业协议书是毕业生就业与用人单位签订的初次工作协议,其主要内容是毕业生如实介绍自己,并表示愿意到用人单位就业,用人单位表示愿意接收,一般不涉及双方详细的权利与义务。

劳动合同的内容十分完整,涉及劳动报酬、劳动纪律、工作内容等诸多方面,对权利与义务的约定也更为明确。

3. 适用的法律不同

就业协议书发生争议时解决主要根据协议本身内容以及现有就业政策进行,也可以适用《民法总则》《合同法》及其他相关政策法规。

劳动合同发生争议,应根据《劳动法》《劳动合同法》等法律来处理。

4. 签订时间不同

一般来说,就业协议书是应届毕业生毕业离校前,落实了用人单位后签订的;就高校大学生就业而言,劳动合同是大学生毕业后到用人单位报到后订立的。可见,就业协议签订在前,劳动合同签订在后。

5. 解决纠纷的方式不同

毕业生因就业协议发生纠纷,任何一方均可以向人民法院提起诉讼,不能提请劳动争议仲裁。若因劳动合同发生纠纷,任何一方均可向当地的劳动争议仲裁委员会申请仲裁,当事人对仲裁裁决不服的,可以向人民法院提请诉讼。

知识拓展 ○

用人单位不得收取押金及扣押证件

第三节　就业报到、档案与户口迁移

路漫漫其修远兮，吾将上下而求索。

——屈原

案例导入

教学视频8-6

小张的报到证、档案问题

一、毕业生报到基本程序

毕业生在办理完所有离校手续后，即可持就业报到证、毕业证等有关证件到用人单位报到。这一阶段主要涉及报到手续的办理、用人单位接收和安排工作岗位、毕业生档案的转移、毕业生户口关系的迁转等方面的问题。

为顺利报到，在这一阶段中需注意以下三个方面：

（1）在离校之前检查离校手续是否已办理完毕。注意检查就业报到证，核查党团组织关系转移介绍信、毕业证书等是否已领取，同时要认真核查这些材料上的信息是否准确，如有错误或疏漏，要及时向学校申请更改或补充，以免给自己报到时带来不便。

（2）在前往用人单位报到的途中一定要妥善保管自己的所有行李物品，特别是办理报到手续所需的材料，一旦丢失，补办这些材料非常麻烦，也会耽误报到的时间。

（3）应在与用人单位协商一致的报到期限内前往用人单位报到。如果确实有特殊原因不能按时报到的，应该主动与用人单位联系，说明原因并征得用人单位同意。

二、就业报到证概念及作用

1. 就业报到证的概念

就业报到证，全称为《全国普通高等学校本专科毕业生就业报到证》，是由省毕业生就业主管部门（省人事厅或省教育厅）签发，是用人单位接收毕业生就业并接转毕业生户口，档案关系的有效凭证，在全国范围内使用。学校上报就业方案，列入国家就业方案的毕业生才能持有有效的报到证。

就业报到证分为上下两联（图8-3、图8-4），上联为"全国普通高等学校本专科毕业生就业报到证"（有色联），下联为"全国普通高等学校本专科毕业生就业通知书"（白联）。毕业生持"就业报到证"到单位报到,"就业通知书"放入档案内封存,它是毕业生档案材料的组成部分。

2. 就业报到证的作用

（1）就业报到证是教育主管部门正式派遣毕业生的凭证。

（2）就业报到证是毕业生到人事管理单位报到的凭证,凭报到证报到以后,方可开始计算工龄。

（3）就业报到证是人事管理单位接收毕业生的重要的文字证明。

（4）就业报到证是任何一个合法的人才中心、档案管理机构接收毕业生档案的证明。

（5）就业报到证是用人单位给毕业生落户、接管档案的重要凭证和依据。

（6）就业报到证证明持证的毕业生是纳入国家统一招生计划的学生。

（7）就业报到证是毕业生的干部身份的证明。如果没有报到证,毕业生将会失去干部身份,成为社会劳动人员。

三、就业报到证遗失补办及改派程序

1. 就业报到证遗失补办

就业报到证原则上是不予补办的,如果确实不小心遗失了需要补办,手续是非常烦琐的。就业报到证的补办手续如下:

（1）毕业生本人书面申请补办报到证。

（2）毕业生登报声明就业报到证遗失,并且需要收集登报的材料或其他遗失证明。

（3）毕业生被用人单位接收（录用、聘用）的证明或其他材料（回原籍报到的除外）。

（4）学校向省就业指导中心出具的补办申请表或其他函件。

以上材料具备后,可以到学校补办打印新的就业报到证。

2. 就业报到证的改派程序

原则上《就业报到证》一经签发,不得随意变动,只有在出现下列情况时,毕业生可以申请改派就业报到证:

（1）用人单位因故撤销、用人单位的隶属关系有变、用人单位的称谓有误。

（2）因不可抗拒的因素或特殊情况,用人单位将毕业生就业报到证、档案、户口关系等退回学校。

（3）毕业生重新找到接收单位的。

（4）毕业生在试用期内违约并履行违约责任的。

办理就业报到证改派需具备以下材料:

（1）毕业生原报到证。

（2）毕业生与原就业单位解除关系的证明或其他材料（回原籍报到的除外）。

（3）毕业生被新用人单位接收（录用、聘用）的证明或其他材料（改签回原籍报到的除外）。

图8-3 全国普通高等学校本专科毕业生就业报到证

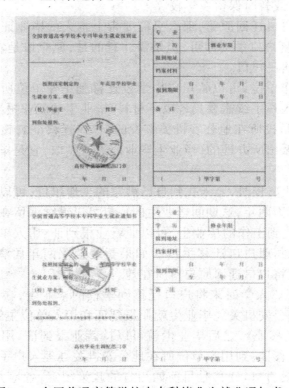

图8-4 全国普通高等学校本专科毕业生就业通知书

（4）学校向省就业指导中心出具的改签申请表或其他函件。

（5）学校打印好的新报到证。

若毕业生是因为违法违纪被用人单位开除或辞退的，或已就业毕业生未经单位同意主动提出辞职的，不能办理就业报到证的改派手续。

四、毕业生档案与户口迁移

1. 毕业生档案

毕业生的档案是用人单位选拔、聘用毕业生的重要依据，毕业生应当了解档案的转递过程，积极配合学校共同做好档案的转递，让自己能够顺利地走上工作岗位。

（1）转递方式。高校毕业生的档案是非常重要的文件，所以按照国家有关规定，毕业生档案转递必须以机密件形式由机要通信方式转送到就业单位。机要通信比日常使用的普通邮政更为保密、更为安全。

（2）转递范围。毕业生档案可以转递的范围：一是工作单位；二是人力资源与社会保障厅下属的人才中介机构（人事局或人才交流服务中心）。毕业生可以选择用人单位所在地的人才中介机构，也可以选择生源地的人才中介机构来保管自己的档案。

2. 毕业生户口迁移

毕业生户口迁移根据自身情况需要分不同方式来进行处理：

（1）户口在校。在入学时户口已迁移到了学校所在地，在毕业之后可以将户口迁回原籍、迁至用人单位或暂时保留在学校。

毕业后想要将户口迁回原籍，那么只需要带上本人的毕业证和《户口迁移证》到原籍公安机关办理恢复户口手续即可；但是需注意的是，原户口是农村户口的，在从学校迁回原籍后将转为居民户口。

如果落实了工作单位，可以将户口由学校迁移到工作单位所在地。到工作单位所在地公安机关办理入户手续需要具备以下材料：毕业生的就业报到证、用人单位主管部门的接收证明以及学校所在地公安机关签发的《户口迁移证》，该证是由学校保卫处凭就业报到证统一到派出所办理的，毕业生毕业前进行领取，它是毕业生办理户口迁移的必要凭证。

部分同学在毕业离校时，还未找到自己满意的工作单位，可以向学校申请办理暂缓就业，暂缓就业时间为两年，这期间毕业生的户口可以继续保留在学校。

暂缓就业期间找到工作的毕业生，可以凭就业报到证、用人单位主管部门的接收证明和《户口迁移证》办理户口迁移手续。如果暂缓期限两年届满，仍未落实工作单位的，可按照相关规定将户口迁回原户口所在地。

（2）户口在原籍。入学时未将户口迁移到学校的毕业生，在毕业后落实了工作单位，原户口所在地的公安机关凭毕业生就业报到证和用人单位主管部门的接收证明，为毕业生办理《户口迁移证》，之后毕业生就可以持就业报到证、用人单位主管部门的接收证明以及《户口迁移证》到用人单位所在地公安机关办理入户手续。

上述毕业生档案、户口迁移是目前四川省的政策规定，各地方根据实际情况，在档案户口迁移政策上也会有所差别。

课后练习 ○

（1）老万于2008年1月到某工厂二作,2018年10月该工厂提出与老万解除劳动合同,老万同意解除,据悉老万前12个月平均工资为6000元,请问老万可以获得多少经济补偿金?

（2）2014年1月18日,某航空公司湖北分公司与年仅22岁的张某签订无固定期限劳动合同。之后公司出资对张进行专业培训,先后将他送入北京航空航天大学飞行学院等单位进行培训,交费172万余元,并与张某约定:张某应在本公司服务至法定退休年龄。2018年7月24日,张某突然向航空公司提出辞职申请。4天后,航空公司出具书面复函,认为张某提出的辞职原因及理由不充分,经公司研究决定不同意其辞职。此后,双方协商数次,未能达成一致,公司未安排张某飞行任务。8月25日后,张某再未上班。航空公司提起诉讼,认为张某单方面终止合同违约,要求其支付违约金。

请问:张某应该支付的违约金是多少?

小组讨论

（1）你认为就业协议书重要吗? 为什么?

（2）求职就业的过程中如何保障自身的合法权益不受侵害?

（3）若用人单位不与你签订劳动合同,并拒绝承认与你的劳动关系,你该怎么办?

第九章　创业准备

本章要点

（1）了解与创业相关的基本知识。
（2）掌握创业思维的内容及工具。
（3）掌握创业想法评估的方法。
（4）了解创业者应具备的基本素质。

第一节　认识创业

创业就应该做一件天塌下来都能够赚钱的事情。

——李嘉诚

案例导入

教学视频9-1

被资本追逐的骑行创新

一、创业政策

大学生自主创业优惠政策为鼓励高校毕业生自主创业，以创业带动就业，财政部、国家税务总局发出《关于支持和促进就业有关税收政策的通知》，明确自主创业的毕业生从毕业年度起可享受三年税收减免的优惠政策。其中，高校毕业生在校期间创业的，可向所在高校申领《高校毕业生自主创业证》；离校后创业的，可凭毕业证书直接向创业地县以上人社部门申请核发《就业失业登记证》，作为享受政策的凭证。

1. 离校创业

（1）学生申领《就业创业证》（图9-1）。毕业生凭毕业证直接向创业地县以上人社部门提出申请，县以上人社部门在对提交申请的相关情况审核认定后，对符合条件的毕业生核发《就业创业证》。

图9-1　就业创业证

（2）学生享受优惠政策。

①大学毕业生在毕业后两年内自主创业，到创业实体所在地的工商部门办理营业执照，注册资金（本）允许分期到位。

②大学毕业生新办从事咨询业、信息业、技术服务业的企业或经营单位，经税务部门批准，免征企业所得税两年；新办从事交通运输、邮电通讯的企业或经营单位，经税务部门批准，第一年免征企业所得税，第二年减半征收企业所得税；新办从事公用事业、商业、物资业、对外贸易业、旅游业、物流业、仓储业、居民服务业、饮食业、教育文化事业、卫生事业的企业或经营单位，经税务部门批准，免征企业所得税一年。

③各国有商业银行、股份制银行、城市商业银行和有条件的城市信用社要为自主创业的毕业生提供小额贷款，并简化程序，提供开户和结算便利。贷款期限最长为两年，到期确定需延长的，可申请延期一次。

④政府人事行政部门所属的人才中介服务机构，免费为自主创业毕业生保管人事档案（包括代办社保、职称、档案工资等有关手续）；提供免费查询人才、劳动力供求信息，免费发布招聘广告等服务；适当减免参加人才集市或人才劳务交流活动收费；优惠为创办企业的员工提供一次培训、测评服务。

图9-2　高校毕业生自主创业证

2. 在校创业

（1）学生网上申请。注册登录教育部大学生创业服务网，按要求在网上提交《高校毕业生自主创业证》申请。高校毕业生自主创业证如图9-2所示。

（2）高校网上初审。所在高校对毕业生提交的相关信息进行审核，通过后注明已审核，并在网上提交给学校所在地省级教育行政部门。

（3）复核。省级教育行政部门对毕业生提交的相关信息进行复核并确认。

（4）发放《高校毕业生自主创业证》。复核通过后，由所在高校打印并发放《高校毕业生自主创业证》，相关部门和学生本人都可随时查询。

（5）申领《就业失业登记证》。毕业生持《高校毕业生自主创业证》向创业地县以上人社部门提出《就业失业登记证》认定申请，由创业地人社部门核发《就业失业登记证》，一并作为当年及后续年度享受税收扶持政策的管理凭证。

（6）学生享受优惠政策。内容同"离校创业"。

（7）《高校毕业生自主创业证》发放对象：毕业年度内在校期间创业的高校毕业生。其中，高校毕业生是指实施高等学历教育的普通高等学校、成人高等学校毕业的学生；

毕业年度是指毕业所在自然年,即1月1日至12月31日。

3. 政策获取途径

(1)咨询当地政府职能部门,如:工商、国税、地税、人社。

(2)登陆国家创新创业政策信息服务网(图9-3)进行政策查询。

图9-3 国家创新创业政策信息服务网

二、创业注意事项

1. 积极利用现有资源

创业者可选择与现有工作密切相关的领域创业,工作中积累的经验和资源是最大的创业财富,要善于利用这些资源。优先考虑能帮助创业者解决生存问题的项目。大学生则要积极利用身边的资源,为社会创造更大的价值。

小贴士

切不可误用资源,在职创业不能将个人生意与单位生意混淆,否则不仅要冒道德上的风险,而且很可能会受到法律的制裁。

2. 谨慎选择合伙人

如有投资资金或有一定的业务渠道,却无暇顾及全盘工作,选择合作经营的创业方式是可取的。选择合伙人时要从资金、专业技能、人脉等方面进行衡量。慎重选择合作伙伴,首先要志同道合,其次要互相信任。

此外,一定要分清楚合伙人之间的责、权、利,形成书面文字,有合作双方和见证人的签字。

3. 做足创业前的准备工作

创业是一项庞大的工程,涉及融资、选项、选址、营销等诸多方面,因此在创业前,一定要进行细致的准备。

通过各种渠道增强创业方面的基础知识,根据自己的实际情况选择合适的创业项目,为创业开一个好头,撰写一份详细的商业策划书,包括市场机会评估、赢利模式分析、开业危机应对等。

4. 尽量用足相关政策

政府部门有很多鼓励创业的政策,是对创业的鼓励和支持,创业时一定要注意"用足"这些政策,如免税优惠、在某地注册企业可享受比其他地区更优惠的税率等。这些政策可大大减少创业初期的成本,使创业风险大为降低。

5. 经商之道,以计为首

所有商业经营活动,如果从表面上来看,好像是一种仅仅同物质打交道的经营活动,但是透过现象看本质,在今天的"食脑时代"里,商业经营活动实质上已经变成了是一种人与人之间的智力角逐,是一场"斗智斗勇"的"智力游戏",是人与人之间的谋略大比试。因此,正如古代军事家所说的"用兵之道,以计为首"一样,经商之道也应该以计为首。面对空前惨烈的市场竞争,如果你想要找准自己的立足点和切入点、站稳脚跟、生存下来、谋取利益、发展壮大,那么就必须首先考虑如何运用自己的商业智慧制定全面系统的、可执行的、可操作的和切实有效的经营策略和实施方案,以便确保每战必捷,战无不胜。

6. 沉着应对失误

作为企业家,冒风险时,要谨而慎之。如果出现失误,不要过于敏感,接受事实,及时纠正失误,避免更大的损失,并总结经验,从中吸取教训。

7. 理性对待胜利

第一步的成功可能是由于创意好、时机合适、运气不错和良好的业务关系。因此,不要太过自信,投入过量的资金,使企业陷入泥沼之中。

创业是自己的事,又不仅仅是自己的事,家庭因素对创业的支持程度直接影响到创业者的选择。大部分创业者生长在普通家庭,如果要创业,就需要投入一笔启动资金,这对刚创业特别是刚毕业的大学生而言存在着一定的风险,因此大部分父母希望孩子毕业后能找到一份稳定的工作,他们要么强烈反对孩子的选择,要么用担忧的眼神"拷问"孩子的选择。在这种情况下,即使不需要家人投资的大学生也会犹豫反思,而那些希望得到家里资金支持的学生更会一筹莫展。

第二节 创业思维与创业精神

我觉得真的是不缺钱,想法也满天都是。中国缺的是有一个想法,并且能够持之以恒把这个想法不断坚持做下去的人。

——马云

案例导入

教学视频9-2

柯达兴衰

一、创业思维

成功创业者的思维是和常人不一样的。创业项目、创业团队、时机或是投资，都是创业不可或缺的。但是，"创业思维"更是一个创业者的必备素养。那么，一个创业者应该具备什么样的"创业思维"呢？

1. 创业思维内容

（1）成本概念。没有投资那不算创业，有投入才有产出，这需要创业者有一定的成本核算能力，这成本包括时间、能力、金钱、技术等。

问题来了，没钱、没经验，我们还要创业，还要成功，还要风险小，怎么办？可以从"借"开始上路，只要"借好"了，那"钱途"很光明！

范 例 一

学院计算机中心怎么盈利？

（2）风险意识。做任何生意都是有风险的，生意越大风险越大。一旦一个生意的小环节出了差错，可能就会满盘皆输。

为自己设立一个小目标，并且细化到每个时间段需要完成的微小目标，慢慢地锻炼自己强大的内心，甚至抗压能力，当你真正能应付更大的风险时，你就能撬动更大的生意王国。

（3）创新思维。创新思维是创业成功的基础之一。生产一种新的产品是产品创新，要采取一种新的生产方法是工艺创新，要开辟新市场是市场开拓的创新，采用新的生产要素是要素创新，新的制度管理体制、管理机制是制度创新。现在"创新"两个字扩展到了社会的方方面面，比如理论创新、制度创新、经营创新、技术创新、教育创新、分配创新。同时，我们的学习方法也要创新。

"唯一不变的是变化"，创业者要用创新满足消费者日益增长的需要，要用创新去引领新的消费潮流。要以变应变，必须具备创新精神。创新要有"求异"思维，求异就是要追求理念"个性化"，这是创业者最重要的素质特征。没有创新求异精神，企业就不会有个性；没有个性的企业会停滞不前，容易在激烈的竞争中被淘汰。

（4）契约精神。商人不唯利是图就不是商人。但是一旦失信，不遵守基本的契约精神，就很难在商界发展，甚至会身败名裂。古往今来，有成就的企业家无疑是契约精神的恪守者。

创业思维就是用商业成就一番事业的思维，是用创业者的想法去支配资源，放大创业者能量的思维。没有资源投入干不了，没有风险意识干不成，没有创新精神干不大，没有契约精神干不长。

2. 创业思维导图

（1）思维导图概念。思维导图（图9-4）又叫心智导图，是表达发散性思维的有效图形思维工具，是一种实用性的思维工具。思维导图运用图文并重的技巧，把各级主题的关系用相互隶属与相关的层级图表现出来，把主题关键词与图像、颜色等建立记忆链接。

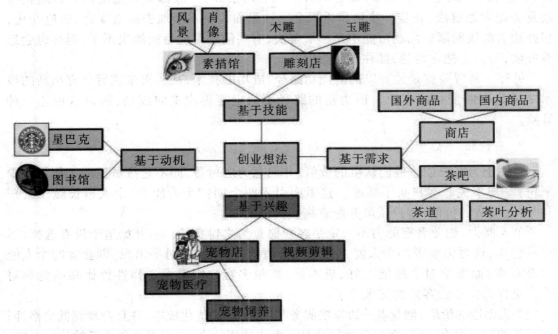

图9-4　思维导图

（2）思维导图作用。思维导图能促进发散性思维的形成，在培养和发展创业者的创新思维方面，也具有比较明显的促进作用。思维导图的功能特性能帮助创业者全面把握项目进程，促进人与信息的有效连接，提高参与者的思维能力。

（3）绘制思维导图的方法。
①把握整体，绘制大纲思维导图。
②合理分配，绘制流程思维导图。
③头脑风暴，绘制材料思维导图。
④依据目标，绘制成果思维导图。
⑤分析总结，绘制整体思维导图。

二、创业精神

创业精神是指在创业者的主观世界中，那些具有开创性的思想、观念、个性、意志、作风和品质等。远景、冒险精神、价值、责任和执行是创业精神的五大要素。

1. 有远景

创业者区别于普通求职者的地方在于看到了在未来存在一些机会，并且愿意为之努力奋斗，抓住这些机会去创造客户。很多时候创业者的目光会比别人长远一些，而且愿意把这些远景分享给他人,吸引有共同志向的人与之一起奋斗。与这些被远景所相吸并且也相信这远景的人共同奋斗,自己也能从中受益。

2. 有冒险精神

立志创业,必须敢闯敢干,有胆有识,才能变理想为现实。只要瞄准目标,判断有据,方法得当,就应敢于实践,敢冒风险。机会的前面,一般都有问题阻挡。冒险精神就是去把问题解决,一步一步地靠近机会。这里面需要不断地去拥抱变化,适应变化,想办法去解决问题。问题可能不是一下解决,有些问题可能目前解决不了,但你也会想着办法,努力去把它跨越,抓住这机会。

另外一种冒险就是放弃以前的成功路径、成功的技术,从头再来或者研究出新的技术来满足不断变化的客户。因为新的路径不一定能再次走向成功,所以这也是一种冒险。

3. 有价值

专注于为客户创造他们认可的价值,并愿意为之付费,而不是按员工的工作量多少来付费,却不关心客户买不买账。这里面引入两个词:"个人能力(个人擅长做什么)"与"个人创造的价值(客户认可并愿意掏钱买单的)"。

个人能力,创业者有能力不一定是客户愿意为之付费的。一开始迫于没有选择,不得不合作,这时创业者的个人能力是产生价值的,一旦竞争对手出现,创业者的个人能力没有变,而竞争对手的能力好、成本低,那很多客户则愿意选择性价比高的竞争对手。是什么变了?客户的需求变了。

个人创造的价值,创业者一边发展服务与能力,一边优化成本,并且合理调低价格,同时服务的质量没有下降,客户会觉得这是一个非常棒的事,也愿意为创业者的价格买单,那么客户就能继续合作。另一种就是创业者与客户实行战略深度合作,尝试给客户深度服务,从账期、人员配备、新产品、服务研发等都与客户共同研发,等摸索完了后,就把服务、产品规模化,吸引同类型的客户来合作,这些也能产生客户愿意为之付费的价值。

4. 有责任

对客户负责,很多时候公司之所以存在是因为客户愿意购买产品、服务,这时候创业者更应该认真理解客户的需求,遇到问题就解决问题,对客户负责。

对员工负责,员工为了服务好客户加班加点地工作,并且能研发出新的技术来满足客户的需求,这时只要员工能创造出客户认可的价值,那就要为员工考虑,照顾员工的生活、家庭、职业生涯、心理需求等,可以用升职、加薪、培训等方式,让员工在工作中得到成就感。

对社会负责,传播有正向价值观的理念,并身体力行,杜绝有损害社会公众利益的事,承担起企业在社会中相应的责任。

5. 有执行

很多时候创业者会陷入一个幻觉:知道了,以为自己不出手则已,一出手肯定能搞得定。因此,不仅需要创业者批判性地学习"成功人士"的经验,更需要去体验、去执行"经验",并且根据市场的反馈来做调整。

成本分类

第三节　创业想法评估

一个真正的企业家,不能只靠胆大妄为东奔西撞,也不可能是在学院的课堂里说教出来的。他必须在市场经济的大潮中摸爬滚打,在风雨的锤炼中长大。

——王均瑶

案例导入

教学视频9-3

技术青年创造无人机神话

一、市场分析

市场调查的目的是为了收集足够的、真实的和有效的信息为企事业单位的其他活动和策略所服务,为创业者提供参考依据。利用市场调查的部门可以是企业、公司、团体以及任何一切企事业单位的管理决策层或个人。市场调查的目的可能是为了制定长远的战略性规划,也可能是为制定某阶段或针对某问题的具体政策或策略,提供参考依据。

市场分析主要分析要点包括如下内容:

1. 整体行业分析

(1)宏观环境分析。自然环境——自然资源、环保费用、公众生态需求、环保立法;经济环境——消费者收入水平、消费倾向、消费结构;人口环境——人口总量、人口结构、人口分布、婚姻家庭变化、教育与职业;社会文化环境——消费者的生活方式、社会阶层的构成、社会文化特征;科学技术环境——平均产品寿命周期、微电子技术与网络技术、专利技术和知识产权、知识经济;政治法律环境——法律及政策法规、法律的地位、政策导向。

（2）行业数据：市场规模、市场增长态势、市场占有率。

①市场规模。不管是企业家还是投资人，都非常关注市场规模的问题，这个直接决定了企业可以获得多大的收入，可以容得下多少公司。

②增长率。这一块要说明一下平均增长率和复合增长率，相对来说复合增长率的数据更适合了解企业一段时间的发展情况，复合增长率就是按几何级数增长，以上一时期增长后的总数作为下一年计算的基数，依此类推（算法：譬如一个行业第一年的增长率为5%，第二年的增长率为6%，第三年为7%，年均增长率=（0.05+0.06+0.07）/3=6%，复合增长率=$\sqrt[3]{(1.05×1.06×1.07)}-1=5.99\%$）。

③市场占有率。一般来说，行业领先的公司大约可以占据20%左右的市场占有率，不过，有些行业的商业规律很难形成20%的占有率，比如离散度非常高的打印、货运行业；当然，有些行业则很容易形成垄断，比如石油、电力等。行业里商业模式的可复制性，在做这部分分析的时候往往也能凸显出来。

④行业基础竞争态势。行业领导者在做什么、用什么模式、发展动向如何，行业其他传统企业怎么做，是否有创业团队在该领域做得不错，国外该领域的发展情况，有哪些衍生品，如周边产品或同类产品（智能硬件）等行业壁垒与进入门槛。

（3）行业产业链和价值链。

产业链，就是将一个行业里负责不同工作的部分聚合在一起，目的是为了理解其中各个环节参与者的联系、结构和价值。传统方式的产业链分析非常复杂，涉及供需、价值、空间等等，一般的行业分析，只要把握准产业链的上中下游就可以。

价值链，顾名思义，要找出链条中不同部分的价值体现，很多时候和产业链是重合的，而且在分析产业链的过程中，可以基本了解到关于价值链的信息点。商业上的价值链分析，主要把握利润价值和重要性。

（4）行业生命周期。行业生命周期分为初创期、成长期、成熟期、衰退期，如图9-5所示。企业在不同期间也需要实行新的策略。

启动期：解决用户认知的问题，重点在于传播。

成长期：解决用户转化的问题，重点在于运营。

成熟期：解决用户留存的问题，重点在于品牌建设。

衰退期：解决产品转型和创新的问题。

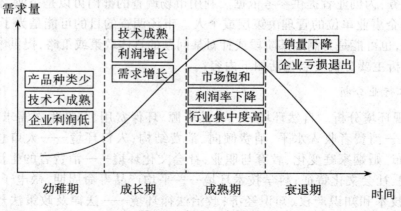

图9-5 行业生命周期

2. 细分市场分析

（1）两大原则。细分市场足够大且有利可图、通过自身经营可触达的市场。

（2）著名学者兰晓华认为市场细分有两种极端的方式：完全市场细分与无市场细分。

所谓完全市场细分就是市场中的每一位消费者都单独构成一独立的子市场，企业根据每位消费者的不同需求为其生产不同的产品。理论上说，只有一些小规模的、消费者数量极少的市场才能进行完全细分，这种做法对企业而言是不经济的。尽管如此，完全市场细分在某些行业，如飞机制造业等行业还是大有市场，而且近几年开始流行的"订制营销"就是企业对市场进行完全细分的结果。

无市场细分是指市场中的每一位消费者的需求都是完全相同的，或者是企业有意忽略消费者彼此之间需求的差异性，而不对市场进行细分。

（3）就消费者市场而言，细分变量归纳起来主要有地理环境因素、人口统计因素、消费心理因素、消费行为因素、消费受益因素等。因此就有了地理细分、人口细分、心理细分、行为细分、受益细分这五种市场细分的基本形式：

①地理细分：是按地理特征细分市场，包括以下因素：地形、气候、交通、城乡、行政区等。

②人口细分：是按人口特征细分市场，包括以下因素：年龄、性别、家庭人口、收入、教育程度、社会阶层、宗教信仰或种族等。

③心理细分：个性或生活方式等变量对客户细分。

④行为细分：根据对消费者行为的评估，然后进行细分。

⑤社会文化细分：是按社会文化特征细分市场，以民族和宗教为主进行细分。

⑥使用者行为细分：是按个人特征细分市场，如职业、文化、家庭、个性等。

（4）作用。

①有利于企业发掘和开拓新的市场机会。

②有利于企业将各种资源合理利用到目标市场。

③有利于制定适用的经销策略。

④有利于调整市场的营销策略。

（5）局限性。

①市场细分很昂贵。

②总投资成本上升，因为每个市场的风格，颜色等必须被保持。

③广告成本上升，因为每个细分市场必须有不同的广告宣传。

④管理成本上升，因为管理部门必须计划和实施几个不同的市场项目。

（6）市场细分包括以下步骤：

①选定产品市场范围。公司应明确自己在某行业中的产品市场范围，并以此作为制定市场开拓战略的依据。

②列举潜在顾客的需求。可从地理、人口、心理等方面列出影响产品市场需求和顾客购买行为的各项变数。

③分析潜在顾客的不同需求。公司应对不同的潜在顾客进行抽样调查,并对所列出的需求变数进行评价,了解顾客的共同需求。

④制定相应的营销策略。调查、分析、评估各细分市场,最终确定可进入的细分市场,并制定相应的营销策略。

二、评估方法

1. 头脑风暴法

头脑风暴法(brain storming),是由美国BBDO广告公司的奥斯本首创,该方法主要由小组人员在正常融洽和不受任何限制的气氛中以会议形式进行讨论、座谈,打破常规,积极思考,畅所欲言,充分发表看法。

(1)组织形式。小组人数一般为10～15人(课堂教学也可以班为单位),最好由不同专业或不同岗位者组成。

时间一般为20～60分钟。

设主持人一名,主持人只主持会议,对设想不作评论。设记录员1～2人,要求认真将与会者每一设想不论好坏都完整地记录下来。

(2)会前准备工作。

会议要明确主题。会议主题提前通报给与会人员,让与会者有一定准备;

选好主持人。主持人要熟悉并掌握该技法的要点和操作要素,摸清主题现状和发展趋势;

参与者要有一定的与主题相关的专业基础,懂得该会议提倡的原则和方法。

(3)会议原则。为使与会者畅所欲言,互相启发和激励,达到较高效率,必须严格遵守下列原则:

①禁止批评和评论,也不要自谦。对别人提出的任何想法都不能批判、不得阻拦。即使自己认为是幼稚的、错误的,甚至是荒诞离奇的设想,亦不得予以驳斥;同时也不允许自我批判,在心理上调动每一个与会者的积极性,彻底防止出现一些"扼杀性语句"和"自我扼杀语句"。诸如"这根本行不通""你这想法太陈旧了""这是不可能的""这不符合某某定律"以及"我提一个不成熟的看法""我有一个不一定行得通的想法"等语句,禁止在会议上出现。只有这样,与会者才可能在充分放松的心境下,在别人设想的激励下,集中全部精力开拓自己的思路。

②目标集中,追求设想数量,越多越好。在智力激励法实施会上,只强制大家提设想,越多越好。会议以谋取设想的数量为目标。

③鼓励巧妙地利用和改善他人的设想。这是激励的关键所在。每个与会者都要从他人的设想中激励自己,从中得到启示,或补充他人的设想,或将他人的若干设想综合起来提出新的设想等。

④与会人员一律平等,各种设想全部记录下来。与会人员,不论是该方面的专家、员工,还是其他领域的学者,以及该领域的外行,一律平等;各种设想,不论大小,甚至是最荒诞的设想,记录人员也要求认真地将其完整地记录下来。

⑤主张独立思考,不允许私下交谈,以免干扰别人思维。

⑥提倡自由发言,畅所欲言,任意思考。会议提倡自由奔放、随便思考、任意想象、尽量发挥,主意越新、越怪越好,因为它能启发人推导出好的观念。

⑦不强调个人的成绩,应以小组的整体利益为重,注意和理解别人的贡献,创造民主环境,不以多数人的意见阻碍个人新的观点的产生,激发个人追求更多更好的主意。

范例二

用头脑风暴法解决积雪问题

2. 矩阵分析法

制定公司层战略最流行的方法之一就是BCG矩阵(图9-6)。该方法是由波士顿咨询集团(Boston Consulting Group,BCG)在20世纪70年代初开发的。BCG矩阵将组织的每一个战略事业单位(SBUs)标在一种二维的矩阵图上,从而显示出哪个SBUs提供高额的潜在收益,以及哪个SBUs是组织资源的漏斗。BCG矩阵的发明者、波士顿公司的创立者布鲁斯认为"公司若要取得成功,就必须拥有增长率和市场份额各不相同的产品组合。组合的构成取决于现金流量的平衡。"

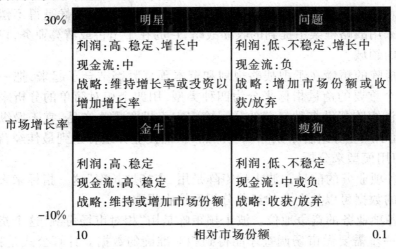

图9-6 波士顿矩阵

(1)BCG矩阵区分出4种业务组合。

①明星型业务(Stars,指高增长、高市场份额)。这个领域中的产品处于快速增长的市场中并且占有支配地位的市场份额,但现金流量可能为正,也可能为负,这取决于新工厂、设备和产品开发对投资的需要量。明星型业务是由问题型业务继续投资发展起来的,可以视为高速成长市场中的领导者,它将成为公司未来的现金流业务。但这并不意味着明星业务一定可以给企业带来源源不断的现金流,因为市场还在高速成长,企业

必须继续投资,以保持与市场同步增长,并击退竞争对手。企业如果没有明星业务,就失去了希望,但群星闪烁也可能会闪花企业高层管理者的眼睛,导致做出错误的决策。这时必须具备识别能力,将企业有限的资源投入在能够发展成为金牛的明星上。同样的,明星型业务要发展成为金牛业务适合于采用增长战略。

②问题型业务(Question Marks,指高增长、低市场份额)。处在这个领域中的是一些投机性产品,带有较大的风险。这些产品可能利润率很高,但占有的市场份额很小。这往往是一个公司的新业务。为发展问题业务,公司必须建立工厂,增加设备和人员,以便跟上迅速发展的市场,并超过竞争对手,这些意味着大量的资金投入。"问题"非常贴切地描述了公司对待这类业务的态度,因为这时公司必须慎重回答"是否继续投资发展该业务?"这个问题。只有那些符合企业发展长远目标、企业具有资源优势、能够增强企业核心竞争力的业务才得到肯定的回答。

③金牛业务(Cash cows,指低增长、高市场份额)。处在这个领域中的产品产生大量的现金,但未来的增长前景是有限的。这是成熟市场中的领导者,它是企业现金的来源。由于市场已经成熟,企业不必大量投资来扩展市场规模,同时作为市场中的领导者,该业务享有规模经济和高边际利润的优势,因而给企业带来大量现金流。企业往往用金牛业务来支付账款并支持其他三种需大量现金的业务。

④瘦狗型业务(Dogs,指低增长、低市场份额)。这个剩下的领域中的产品既不能产生大量的现金,也不需要投入大量现金,这些产品没有希望改进其绩效。一般情况下,这类业务常常是微利甚至是亏损的,瘦狗型业务存在的原因更多的是由于感情上的因素,虽然一直微利经营,但像人养了多年的狗一样恋恋不舍而不忍放弃。其实,瘦狗型业务通常要占用很多资源,如资金、管理部门的时间等,多数时候是得不偿失的。瘦狗型业务适合采用战略框架中提到的收缩战略,目的在于出售或清算业务,以便把资源转移到更有利的领域。

波士顿矩阵的精髓在于把战略规划和资本预算紧密结合了起来,把一个复杂的企业行为用两个重要的衡量指标来分为四种类型,用四个相对简单的分析来应对复杂的战略问题。该矩阵帮助多种经营的公司确定宜于投资哪些产品,宜于操纵哪些产品以获取利润,宜于从业务组合中剔除哪些产品,从而使业务组合达到最佳经营成效。

(2)如何用模型来分析。

①评价各项业务的前景。波士顿矩阵是用"市场增长率"这一指标来表示发展前景的。这一步的数据可以从企业的经营分析系统中提取。

②评价各项业务的竞争地位。波士顿矩阵是用"相对市场份额"这个指标来表示竞争力的。这一步需要做市场调查才能得到相对准确的数据。计算公式是:把一单位的收益除以其最大竞争对手的收益。

③表明各项业务在波士顿矩阵图上的位置。具体方法是以业务在二维坐标上的坐标点为圆心画一个圆圈,圆圈的大小来表示企业每项业务的销售额。

到了这一步公司就可以诊断自己的业务组合是否健康了。一个失衡的业务组合就是有太多的瘦狗类或问题类业务,或太少的明星类和金牛类业务。例如有三项的问题业务,不可能全部投资发展,只能选择其中的一项或两项,集中投资发展;只有一个金牛业务,说明财务状况是很脆弱的,有两项瘦狗业务,这是沉重的负担。

④确定纵坐标"市场增长率"的一个标准线,从而将"市场增长率"划分为高、低两个区域。

比较科学的方法有两种:

一是把该行业市场的平均增长率作为界分点;

二是把多种产品的市场增长率(加权)平均值作为界分点。

需要说明的是,高市场增长率定义为销售额至少达到10%的年增长率(扣除通货膨胀因素后)。

⑤确定横坐标"相对市场份额"的一个标准线,从而将"相对市场份额"划分为高、低两个区域。

波士顿的布鲁斯认为,这个界分值应当取为2,他认为"任何两个竞争者之间,2比1的市场份额似乎是一个均衡点。明星的市场份额必须是仅次于它的竞争者的两倍,否则其表面业绩只是一种假象。按照布鲁斯的观点,市场份额之比小于2,竞争地位就不稳定,企业就不能回收现金,否则地位难保。但在实际的业务市场上,市场领先者市场份额是紧随其后的竞争者的2倍的情况极为少见。

3. SWOT分析法

当创业者想到一个创业想法和项目之后,下定决心准备创业时,为了让创业者的创业想法变得更加清晰和理智,就需要对创业者的创业想法进行SWOT分析(图9-7)。

Strengths 优势	Weaknesses 劣势
Opportunities 机会	Threats 挑战

图9-7 SWOT分析模型

(1)什么是SWOT分析呢? SWOT分析法,即态势分析法,就是将与研究对象密切相关的各种主要内部优势、劣势和外部的机会和威胁等,通过调查列举出来,并依照矩阵形式排列,然后用系统分析的思想,把各种因素相互匹配起来加以分析,从中得出一系列相应的结论,而结论通常带有一定的决策性。

S(strengths)是优势——意思是企业的优势在哪里?

W(weaknesses)是劣势——意思是企业的劣势在哪里?

O(opportunities)是机会——意思是企业存在着哪些机会?

T(threats)是威胁——意思是指对企业生存有威胁的都有什么?

(2)分析模型。

①优势与劣势分析(SW)。由于企业是一个整体,并且由于竞争优势来源的广泛性,所以在做优劣势分析时必须从整个价值链的每个环节上,将企业与竞争对手做详细的对比。如产品是否新颖、制造工艺是否复杂、销售渠道是否畅通以及价格是否具有竞争性等。如果一个企业在某一方面或几个方面的优势正是该行业企业应具备的关键成功要素,那么该企业的综合竞争优势也许就强一些。需要指出的是,衡量一个企业及其产品是否具有竞争优势,只能站在现有潜在用户角度上,而不是站在企业的角度上。

②机会与威胁分析(OT)。比如当前社会上流行的盗版威胁:盗版替代品限定了公司产品的最高价,替代品对公司不仅有威胁,可能也带来机会。企业必须分析,替代品给公司的产品或服务带来的是"灭顶之灾",还是提供了更高的利润或价值;购买者转

而购买替代品的转移成本;公司可以采取什么措施来降低成本或增加附加值来降低消费者购买盗版替代品的风险。

③整体分析。从整体上看,SWOT可以分为两部分:第一部分为SW,主要用来分析内部条件;第二部分为OT,主要用来分析外部条件。利用这种方法可以从中找出对自己有利的、值得发扬的因素,以及对自己不利的、要避开的东西,发现存在的问题,找出解决办法,并明确以后的发展方向。根据这个分析,可以将问题按轻重缓急分类,明确哪些是急需解决的问题,哪些是可以稍微拖后一点儿的事情,哪些属于战略目标上的障碍,哪些属于战术上的问题,并将这些研究对象列举出来,依照矩阵形式排列,然后用系统分析的思想,把各种因素相互匹配起来加以分析,从中得出一系列相应的结论而结论通常带有一定的决策性,有利于领导者和管理者做出较正确的决策和规划。

(3)应用。SWOT分析法常常被用于制定集团发展战略和分析竞争对手情况,在战略分析中,它是最常用的方法之一。进行SWOT分析时,主要有以下几个方面的内容:

①分析环境因素。运用各种调查研究方法,分析出公司所处的各种环境因素,即外部环境因素和内部能力因素。外部环境因素包括机会因素和威胁因素,它们是外部环境对公司的发展有直接影响的有利和不利因素,属于客观因素;内部环境因素包括优势因素和弱点因素,它们是公司在其发展中自身存在的积极和消极因素,属主观因素。在调查分析这些因素时,不仅要考虑到历史与现状,而且更要考虑未来发展问题。

优势,是组织机构的内部因素,具体包括:有利的竞争态势;充足的财政来源;良好的企业形象;技术力量;规模经济;产品质量;市场份额;成本优势;广告优势等。

劣势,也是组织机构的内部因素,具体包括:设备老化;管理混乱;缺少关键技术;研究开发落后;资金短缺;经营不善;产品积压;竞争力差等。

机会,是组织机构的外部因素,具体包括:新产品;新市场;新需求;外国市场壁垒解除;竞争对手失误等。

威胁,也是组织机构的外部因素,具体包括:新的竞争对手;替代产品增多;市场紧缩;行业政策变化;经济衰退;客户偏好改变;突发事件等。

SWOT方法的优点在于考虑问题全面,是一种系统思维,而且可以把对问题的"诊断"和"开处方"紧密结合在一起,条理清楚,便于检验。

②构造SWOT矩阵(图9-8)。将调查得出的各种因素根据轻重缓急或影响程度等排序方式,构造SWOT矩阵。在此过程中,将那些对公司发展有直接的、重要的、大量的、迫切的、久远的影响因素优先排列出来,而将那些间接的、次要的、少许的、不急的、短暂的影响因素排列在后面。

③制定行动计划。在完成环境因素分析和SWOT矩阵的构造后,便可以制定出相应的行动计划。制定计划的基本思路是:发挥优势因素,克服弱点因素,利用机会因素,化解威胁因素;考虑过去,立足当前,着眼未来。运用系统分析的综合分析方法,将排列与考虑的各种环境因素相互匹配起来加以组合,得出一系列公司未来发展的可选择对策。

内部能力 外部因素	优势（Strengths）	劣势（Weaknesses）
	• 作为国家机关，拥有公众的信任 • 顾客对邮政服务的高度亲近感与信任感 • 拥有全国范围的物流网（几万家邮政局） • 具有众多的人力资源 • 具有创造邮政/进入 synergy 的可能性	• 上门取件相关人力及车辆不足 • 市场及物流专家不足 • 组织、预算、费用等方面的灵活性不足 • 包裹破损的可能性很大 • 追踪查询服务不过完善
机会（Opportunities）	**SO**	**WO**
• 随着电子商务的普及，对寄件需求增加（年平均增加38%） • 能够确保应对市场开放的事业自由度 • 物流及IT等关键技术的飞跃性的发展	• 以邮政网络为基础，积极进入宅送市场 • 进入shopping mall配送市场 • ePOST活性化 • 开发灵活运用关键技术多样化的邮政服务	• 构成邮寄包裹专门组织 • 构成实物与信息的统一化进行实时的追踪（Track & Trace）及物流控制（Command & Control） • 将增值服务及一般服务差别化的价格体系的制定及服务内容的再整理
挑战（Threats）	**ST**	**WT**
• 通信技术发展后，对邮政的需求可能减少 • 现有宅送企业的设备投资及代理增多 • WTO邮政服务市场开放的压力 • 国外宅送企业进入国内市场	• 灵活运用范围宽广的邮政物流网络，梳理积极的市场战略 • 通过与全球性的物流企业进行战略联盟 • 提高国外邮件的收益性及服务 • 为了确保企业顾客，树立积极的市场战略	• 根据服务的特效，对包裹详情单与包裹运送网分别运营 • 对已经确定的邮政物流运营提高效率（BPR），由此提高市场竞争力

图 8-5   SWOT矩阵

知识拓展

标准打分矩阵法

137

第四节　创业者自我评估

吾当三日自省吾身。

——孔子《论语》

案例导入

教学视频 9-4

打造"90后"最高估值创新项目

一、知识素质

对于一名创业者来说,不论准备投身何种创业项目,一些商业知识与经营之道都是必须要提前具备的,而且这些商业知识与经营方法都必须具有很强的针对性,一个专业的创业者肯定要对所要从事的行业有着相当深入的了解,并且对这个行业的经营特点也需要了如指掌,否则创业者就需要在创业过程中交出昂贵的学费。

1. 合法开业的知识

(1)有关私营及合伙企业、有限责任公司的法律法规?

(2)怎样进行验资?

(3)怎样申请开业登记?

(4)哪些行业不允许私营?

(5)哪些行业的经营须办理有关行业管理手续?

(6)哪些行业要进行环境影响评估?

(7)怎样办理税务登记?

(8)纳税申报有哪些规定和程序?

(9)如何领购和使用发票?

(10)银行开户程序和有关结算规定?

(12)你应该交哪些税费,如何交纳?

(13)怎样获得税收减征免征待遇?

(14)怎样进行账务票证管理?

(15)国家对偷漏税等违法行为有哪些制裁措施?

(16)增值税率及计征方法。

(17)工商管理部门怎样进行经济检查。

(18)行业管理部门如何进行行业管理和检查。

2. 营销知识

(1)市场预测与市场调查知识。

(2)消费心理知识。

(3)定价知识和价格策略。

(4)仓储知识。

(5)销售渠道的开发知识。

(6)营销管理知识。

(7)社交礼仪。

3. 货物知识

(1)批发、零售知识。

(2)货物种类、质量和有关计量知识。

(3)货物运输知识。

(4)货物保管贮存知识。

(5)真假货物识别知识。

(6)对有关危险品的管理知识。

4. 资金及财务知识

(1)货币(支票、本票、汇票等)金融知识。

(2)信用及资金筹措知识。

(3)资金核算及记账知识。

(4)证券、信托及投资知识。

(5)财务会计基本知识。

5. 服务行业知识

(1)服务行业管理的法律法规。

(2)各专业服务行业的行业规则、业务知识。

6. 经济法常识

(1)《合同法》。

(2)《公司法》。

(3)《反不正当竞争法》。

(4)《消费者权益保护法》。

(5)《产品质量法》。

(6)《税法》。

(7)《商标法》等。

7. 劳动用工及社会保障知识

8. 公关及社交礼仪基本知识

创业者可能并不需要全部掌握以上的知识,有针对性的合理选择才是学习的好办法,因此,学以致用,各取所需也是很必要的。现在获取创业知识的途径也有许多,有专门的创业培训或指导,以及专门的讲座等都可以让创业者得到想要的知识。另外,学习对于创业者来说也是一门永远不能丢掉的功课,在平时遇到的各种问题也是创业者们积累经验的好机会。

二、能力素质

知识是由一系列信息储备组成的,能力则是能够应用知识的技能。成功的创业者需具备以下几种能力素质:

1. 领导力

一般情况下,创业者既会被看作是某种经济体的所有者或管理者,也可能会被视为某个团体的领导者。从创业者所承担的工作的本质来看,创业者必须拥有领导能力。因为成功的创业者不是靠单打独斗,而是要依靠他人来实现目标。由于人的个性特征不可能完全相同,所以创业者的领导风格也不尽相同,创业者的领导风格是由他看待员工的态度决定的。因此,如何让员工更好地按照创业者的期望做事,是衡量创业者领导能力强弱的一个标准。创业者要通过不断地学习和实践,提高自己的领导能力。

2. 决策力

作为创业者,无论问题大小,最终做出决策的是创业者本人。因此,创业者的决策力对企业的发展有着举足轻重的作用。有一些原则、方法可以增加决策成功的可能性,例如七步决策法、决策表等。但其中最重要的一个方法就是实践,决策是一门艺术,实践越多决策能力就越突出。

范例三

美国国际商用机器公司的决策

3. 风险承担力

这里所说的风险承担力,既包括预测的风险出现后创业者承受风险的能力,也包括创业者在风险出现前对风险的承担能力。虽然承担风险是创业者面对困难时责任心的体现,是创业中的一种个人行为,但是评估风险却是一种技能,可以通过学习实践来提高。

创业者在做出承担风险的决定之前应该对自己的需求进行评估,以下这些问题需要考虑:

(1)这个目标值得去冒风险么?

(2)在达到目标的过程中,最大的障碍是什么?

(3)怎样使风险最小化?

(4)在决定承担风险前需要什么信息。

(5)人力资源或其他资源如何有助于最小化风险?

(6)在承担这个风险时我担心的是什么?

(7)我愿意尽最大努力去实现这个目标吗?在实现目标的过程中,最大的障碍是什么?

(8)承担风险能使我获得什么?

(9)在承担风险之前,我需要做哪些准备?

(10)有哪些衡量指标(数字量化)说明我的目标已经实现?

这些能力提高了,不但有助于增强创业者的自信心,还可以把控自己的未来。

4. 经营管理能力

经营管理能力是指创业者对人员、资金的管理能力,它既涉及人员的选择、使用、组合和优化,也涉及资金的聚集、核算、分配、使用、流动。经营管理能力的形成要从学会经营、学会管理、学会用人、学会理财四个方面去努力。

(1)学会经营。创业者一旦确定了创业的项目,就要将其具体组织实施起来,为了在激烈的市场竞争中获取利润,就必须学会经营。

(2)学会管理。这里说的管理包括质量管理和效益管理两个方面,质量不仅是生产物质产品的生命,也是从事服务业和其他工作的生命,创业者必须树立牢固的质量观,要学会质量管理,始终坚持质量第一的原则;同时,创业者还要学会效益管理、始终坚持效益最佳的创业终极目标,做到效益最佳要求在创业活动中人、物、场地、资金、时间的使用,都要选择最佳方案,做到不闲人员和资金、不空设备和场地、不浪费原料和材料,使创业活动有条不紊地运转。

(3)学会用人。市场经济的竞争归根结底是人才的竞争,拥有人才就拥有了市场和顾客。若企业没有优秀的管理人才、技术人才、专业人才,企业就不会有好的经济效益。不吸纳德才兼备、志同道合的人共创事业,创业就很难成功。因此,创业者必须学会用人,要学会吸纳比自己强或有某种专长的人共同创业。

(4)学会理财。具体讲,学会理财首先要学会开源节流。所谓开源就是培植财源,在创业过程中在抓好主要项目创收之余,还要注意广泛开辟资金来源。而节流是指节省不必要的开支,但凡真正的成功人士,都经历了聚少成多、勤俭节约的创业历程。其次,要学会管理资金,具体操作分为三个方面:一是做好资金的预算和决算;二是要掌握资金的来源和支出,做到有账可查;三是做好资金投入的论证,每投入一笔资金都要进行可行性论证,有利可图才投入,保证每笔资金都可以真正发挥其作用。

5. 专业技术能力

专业技术能力是创业者掌握和运用专业知识进行专业生产的能力。它的形成具有很强的实践性,许多专业知识和专业技巧要在实践中逐步提高、发展、完善,创业者要注重积累专业技术方面的经验,还要进行职业技能的训练。在实践中将培训过的知识和经验提高、拓宽;对创业培训没有介绍过的知识和经验要注重探索,在探索的过程中要详细记录、认真分析,进行总结、归纳,上升为理论,形成自己独特的经验,进而形成自己的专业技能体系。

6. 交往协调能力

这里的交往协调能力主要指能够妥善地处理与公众(政府部门、新闻媒体、客户等)之间的关系。创业不是在一个封闭的空间里生产商品或服务,而是要与各种各样的人打交道。因此,创业者应该做到妥当地处理与外界的关系,尤其要争取得到政府部门、工商及税务部门的理解与支持。同时要本着求同存异共同发展的原则,团结一切可以团结的人和力量,以达到双赢。创业者处理好人际关系,有助于建立有利于创业的和谐环境,为成功创业打好基础。

7. 创新能力

创新是市场经济的主旋律,是创业能力素质的重要组成部分,是企业化解外界风险和取得竞争优势的有效途径。它包括两层含义:第一层是大脑活动的能力,即创造性思维、独立性思维、创造性想象和捕捉灵感的能力;第二层是创新实践的能力,即人在创新活动中完成创新任务的具体工作能力。创新能力是一种综合能力,与人们的知识、经验、技能、心态等密切相关。它取决于意识、智力、创造性思维和创造性想象等,具有广博的知识、丰富的实践经验、熟练的专业技能、扎实的专业基础知识、良好的心态的人更容易形成创新能力。

在上述七个方面的基本素质中,每一项基本素质都有其独特的地位和作用,每一个要素都会影响其他要素的形成、发展、功能和作用的发挥,乃至影响创业的成功。因此,对于创业者而言,不仅要注重在教育和环境的双重影响下培养自己的创业素质,更要注重其整体结构的优化,在创业实践中不断提高自己的创业素质。

当然,这并不是说创业者必须要具备以上所有的素质才能去创业,因为任何素质和能力的形成都不是一朝一夕之功,创业者需要的是不断提高自身素质的自觉性和实际行动。因此,要想成为一个成功的创业者,就要做一个终身学习和实践的人。

三、心理素质

创业者,是一个企业的领导人,也是最终决定这个企业前途与命运的人,关系到了很多共同创业的参与者,但最终关系最密切的,还是创业者本人。

每一个创业者,都需要了解创业心理学,也需要学习心理学,对人性有更深刻的了解,这会让创业的路走得更远。

1. 独立思考、判断、选择、行动的心理品质

创业既为社会积累物质财富和精神财富,又是谋生和立业。创业者首先要走出依附于他人的生活圈子,走上独立的生活道路。因此,独立性是创业者最基本的个性品质。这种品质主要体现在:一是自主抉择,即在选择人生道路,选择创业目标时,有自己的见解和主张;二是自主行为,即在行动上很少受他人影响和支配,能按自己主张将决策贯彻到底;三是行为独创,即能够开拓创新,不因循守旧,步人后尘。

2. 善于交流、合作的心理品质

在创业道路上,必须摒弃"同行是冤家"的狭隘观念,学会合作与交往。通过语言、文字等多种形式与周围的人们进行有效的交流与沟通,可以提高办事效率,增加成功的机会。在创业过程中,需要与客户和顾客打交道,与公众媒体打交道,与外界销售商打交道,与企业内部员工打交道,这些交往、沟通,可以排除障碍,化解矛盾,降低工作难度,增加信任度,有助于创业的发展。

3. 敢于克服盲目冲动和私利欲望的心理品质

在创业过程中,创业者要善于克制,防止冲动。克制是一种积极的、有益的心理品质,它可使人积极有效地控制和调节自己的情绪,使自己的活动始终在正确的轨道上进行,不会因一时的冲动而做出缺乏理智的行为。

创业者在创业过程中要自觉接受法律的约束,合法创业、合法经营、依法行事;自觉接受社会公德和职业道德的约束,文明经商、诚实经营、互助互利。当个人利益与法律和社会公德相冲突时,要能克制个人欲望,约束自己的行为。

4. 坚持不懈、不屈不挠、顽强努力的心理品质

创业者需要百折不挠、坚持不懈的毅力和意志。能够根据市场的需要和变化,确定正确而且令人奋进的目标,并带领员工战胜逆境实现目标。创业过程是一个长期坚持努力奋斗的过程,立竿见影,迅速见效的事是极少的。在方向目标确定后,创业者就要朝着既定的目标一步步走下去,纵有千难万险,迂回挫折,也不轻易改变初衷,半途而废。创业是艰难的,在创业的过程中难免会遇到这样或那样的苦恼、挫折、压力甚至失败,这就要求创业者必须具备承受挫折、迎接挑战的心理素质,而这些素质的培养就是靠增强自己的创业信心。

5. 善于进行自我调节、适应性强的心理品质

"水因地而制流,兵因敌而制胜。故兵无常势,水无常形;能因敌变化而取胜者,谓之神"。面对市场的变化多端,竞争激烈,创业者能否因客观变化而"动",灵活地适应变化,成为创业成功的关键所在。因而,创业者必须以极强的信息意识和对市场走向的敏锐洞察力,瞅准行情,抓住机遇,不失时机地、灵活地进行调整。在外部环境和创业条件变化时,能以变应变。能用积极态度看待来自工作和生活的压力,冷静分析、控制压力,找出原因、缓解压力甚至消除压力。

6. 诚信

诚信乃创业者之本。创业者在创业过程中,要言出必行、讲质量、以诚信动人;如不讲信誉,就无法开创出自己的事业;失去信誉,就会寸步难行。

7. 竞争意识

随着我国社会主义市场经济从低级向高级发展,竞争愈来愈激烈。创业者若缺乏竞争意识,实际上就等于放弃了自己的生存权利。创业者创业之初面临的是一个充满压力的市场,如果创业者缺乏竞争的心理准备,甚至害怕竞争,就只能是一事无成。

四、身体素质

所谓身体素质是指身体健康、体力充沛、精力旺盛、思路敏捷。现代小企业的创业与经营是艰苦而复杂的,创业者工作繁忙、时间长、压力大,如果身体不好,必然力不从心、难以肩负创业重任。

课后练习

(1)登陆国家创新创业政策信息服务网了解相关政策。

(2)以"老龄化"为题绘制创业思维导图。

(3)自定创业想法进行"SWOT"分析。

小组讨论

自定主题开展"头脑风暴"活动。

第十章　创业资源

PPT

第一节　创业资源概述

创新就是创造一种资源。

——彼得·杜拉克

案例导入 ○

 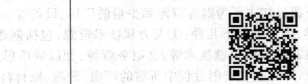

教学视频 10-1　　　　　　　　　　　　　　　　在校大学生走上创业之路

在"大众创新、万众创业"的时代背景下,随着社会的不断发展,创业对于普通人而言,已经不再那么遥远,对于资源、经济能力的要求也比较低。越来越多的有志者投入到创新创业的大潮。然而如何创业,如何获取足够资源,以保证创业成功,依然是许多创业者面临的一道难题。那么,新创企业如何才能高效获取人、财、物等创业资源,为自己的创业打牢基础呢?

一、认识创业资源

资源是指在一定的社会历史条件下,现存的或潜在的能够在人类活动中,经由人类的直接劳动或间接劳动,满足人类需求的各种自然和非自然的要素。

创业资源是指创业企业为了实现创业目标而在整个创业过程中所拥有、控制或整合的各种有形、无形的要素以及要素组合，它是创业的关键要素与基本前提。

常言道："巧妇难为无米之炊。"同样，没有资源，创业者也只能望（商）机兴叹。简单地说，"创业资源"就是创业者所需要具备的一些创业条件。创业资源是新创企业在创造价值的过程中需要的特定资产。

二、创业资源的分类

常见的创业资源有：人力资源、财务资源、物质资源、技术资源、信息资源、政策资源、人脉资源等等。这些单独的组成要素从不同的角度考量可以划分为不同的属性。

1. 直接资源和间接资源

学者林强、林嵩、姜彦福等人按照资源要素对企业战略规划过程的参与程度考虑，认为资源有间接资源和直接资源之分。财务资源、经营管理资源，市场资源，人才资源是直接参与企业战略规划的资源要素，可以把他们定义为直接资源；政策资源、信息资源、科技资源这三类资源要素对于创业成长的影响更多的是提供便利和支持，并非直接参与战略的制订和执行，对于创业战略的规划是一种间接作用，可以把它们定义为间接资源。

2. 人力和技术资源，财务资源，生产经营性资源

从学者巴尼（Barney）的分类出发，创业时期的资源就其重要性来说，分别有以下细分：组织资源、人力资源、物质资源。由于企业新创，组织资源无疑是三类中较为薄弱的部分；而人力资源为创业时期中最为关键的因素，创业者及其团队的洞察力、知识、能力经验及社会关系影响到整个创业过程的开始与成功；同时，在企业新创时期，专门的知识技能往往掌握在创业者等少数人手中，因而此时的技术资源在事实上和人力资源紧密结合，并且上述两种资源可能成为企业竞争优势的重要来源；在物资资源中，创业时期的资源最初主要为财务资源和少量的厂房、设备等。从而，细分后的创业资源经过重新归类，主要为以下几种：①人力和技术资源，包括创业者及其团队的能力、经验、社会关系及其掌握的关键技术等；②财务资源，即以货币形式存在的资源；③其他生产经营性资源，即在企业新创过程中所需的厂房、设施、原材料等。（本教材取此分类）

3. 自有资源和外部资源

自有资源来自内部机会积累，是创业者自身所拥有的可用于创业的资源，如创业者自身拥有的可用于创业的自有资金，自己拥有的技术，自己所获得的创业机会信息，自建的营销网络，控制的物质资源或管理才能等；甚至在有的时候，创业者所发现的创业机会就是其所拥有的唯一创业资源。外部资源可以包括朋友、亲戚、商务伙伴或其他投资者、投资人资金，或者包括借到的人、空间、设备或其他原材料（有时是由客户或供应商免费或廉价提供的），或通过提供未来服务、机会等换取到的，有些还可能是社会团体或政府资助的管理帮助计划。外部资源更多地来自于外部机会发现，而外部机会发现在创业初期起着决定性作用。

三、创业资源的整合

创业资源是每个创业者最先需要考虑的问题,因为只有具备足够的资源,创业才可能成功。创业资源的获取途径有很多,不同类型的企业可能会采取不同的方式去获取资源。得到资源不是终结,也并不意味着成功,资源得到之后还需要进行整合,整合后的资源将会更好地服务企业。

范 例 一

资源整合

资源整合对创业的促进作用就是通过创业过程展开来体现的,有效的资源整合能够帮助创业者明确企业的竞争优势,制定切实可行的战略计划,为新创企业打下良好的基础,有利于提高大学生创业者的能力,并且这种资源整合能力将会终身受用。在创业中,不同的创业过程和环节运用不同的整合方法进行资源整合,这样才能使创业资源发挥它应有的效用。常见的整合方法有以下几种:

(1)寻找式资源整合。这主要是创业初期的资源整合方法,其基本方法是结合自身创业团队的资源情况,分析资源储备存在的不足,提出整合外界资源的方案,积极地寻找和整合所能利用的创业资源。本阶段资源整合强调具备较强的预见力和洞察力。

(2)累积式资源整合。这主要是创业中期的资源整合方法,其基本方法是在初创企业的发展过程中,进一步了解创业资源的特征,对已有的资源进行准确的分析定位,并在此基础上进行进一步的整合利用,发挥资源的最大效能。本阶段资源整合强调对已有的资源进行准确的分析定位。

(3)开拓式资源整合。这主要是企业取得初步发展之后的资源整合方法,其基本方法是把创新式思维注入其中,用创新的视角去寻找具有创新点的创业资源。特别是继续寻找企业新的增长点,在新的增长点上充分开拓和整合利用资源,这一点对创业基础较为薄弱的大学生创业者来说尤为重要。

知识拓展

有限资源的创造性利用

第二节　创业资源的分析和管理

　　创业者在企业成长的各个阶段都会努力争取用尽量少的资源来推进企业的发展，他们需要的不是拥有资源，而是要控制这些资源。

——哈佛商学院教授霍华德·史蒂文森

案例导入

王某的迷茫

　　创业资源重于激情，对不同的资源进行合理的管理不仅能减少资源的浪费，做到最大程度地利用资源，同时还能为企业减少经营风险。

一、人力资源的分析和管理

　　广义上的人力资源不仅包括创业者及创业团队的知识、训练和经验等，也包括团队成员的专业智慧、判断力、视野和愿景，甚至包括创业者本身的人际关系网络。创业者是新创企业最重要的人力资源，其价值观念和信念是新创企业的基石，其所拥有的人际和社会关系网络使其能够接触到大量的外部资源，降低潜在的创业风险。

教学视频10-2

　　狭义的人力资源即创业团队，创业团队是指在创业初期（包括企业成立前和成立早期），由一群才能互补（分工）、责任共担、愿为共同的创业目标而奋斗，并能做到利益让渡的人所组成的特殊群体，也就是企业最直接的人力资源。

　　1. 组建创业团队

　　团队是由基层和管理层人员组成的一个共同体，它合理利用每一个成员的知识和技能协同工作，解决问题，达到共同的目标。

　　（1）团队的特点。

　　①团队以目标为导向。

　　②团队以协作为基础。

　　③团队需要共同的规范和方法。

　　④团队成员在技术或技能上形成互补。

创业团队通常包括企业主、合伙人、员工、企业顾问等,他们无一不对企业产生重大影响。企业主负责创意,制定目标和行动计划,组织和调动员工实施行动计划,确保计划的执行,实现企业预期目标。合伙人要负担责任,共享权利,规定责任与义务后,签订书面合伙协议。员工负责完成具体的工作。在特定的时期还会有企业顾问为企业解决专业问题,企业顾问包括某一行的专家、会计师、银行信贷员、律师、咨询顾问以及政府官员乃至企业、贸易和教育机构等等。

(2)组建团队的要点。创业团队是影响创业成败的重要因素。创业者需要提出一套能够凝聚人心的远景和经营理念,从而形成共同的目标与企业文化。一般而言,建一个优秀的创业团队,应特别注意以下几点。

①彼此了解。创业团队的所有成员都应该相互非常熟悉,知根知底。《孙子兵法》:"知己知彼,百战不殆。"在创业团队中,团队成员都应非常清醒地认识到自身的优劣势,同时对其他成员的长处和短处也一清二楚,这样可以很好地避免团队成员之间因为相互不熟悉而造成的各种矛盾、纠纷,从而强化团队的向心力和凝聚力。需要注意的是,我们这里所说的了解是真正的了解,而不是表面上的了解。例如,尽管许多大学生创业时选择的合作伙伴都是亲戚、同学、朋友、校友等,但还是很快就失败了,其根本原因在于,虽然他们选择的合作伙伴都是"熟人",但是他们对这些"熟人"并没有真正了解。

②相互信任。信任是解决分歧、达成一致的唯一途径。大学生创业团队不仅要志同道合,更需彼此信任。最初创业时,要把最基本的责,权,利说得明白透彻,尤其是股权,利益包括增资,扩股,融资,撤资,人事安排及解散等。这样在企业发展壮大后,才不会出现因利益、股权等的分配分歧产生矛盾,导致创业团队的解体。

③理念一致,目标相同。首先,所有团队成员都必须认同大家共同确定的创业目标、分配制度、企业发展战略、经营理念、企业文化等,都必须保持对企业长期经营的信心。其次,所有团队成员都必须认识到团队是一体的,大家必须能够同甘共苦,必将团队利益置于个人利益之上。团队中没有个人英雄主义,每位成员的价值表现为其对团队的贡献。大家愿意牺牲短期利益来换取长期的成功果实,而少计较短期的薪酬福利、津贴等。再次,所有团队成员都必须对工作抱有满腔激情,必须要有每天长时间工作的准备。任何人不管其专业水平多么高,如果没有激情,将无法适应艰苦的创业生活。最后,所有团队成员均应了解企业在成功之前将会面临的挑战,并承诺不会因困难而退出。如确有特殊原因需提前退出团队,必须将股权优先转让给团队成员。当企业面临困难时,大家必须齐心协力,共同面对,共同解决。

④取长补短,相得益彰。从人力资源管理的角度来看,建立优势互补的创业团队是保持创业团队稳定的关键。研究表明,大多数创业团队组成时,并未考虑到成员专业能力的多样性,大多是因为有相同的技术能力或兴趣,至于管理、营销、财务等能力则较为缺乏。因此,要使创业团队发挥最大的能量,在创建团队时不仅要考虑成员之间的关系,更重要的是考虑成员特点之间的互补性,如彼此之间性格、经验、专长、技术互补,以此来达到团队的平衡。

2. 人力资源系统的建立

（1）定岗。根据自身企业的具体情况、运行模式设计出企业的组织结构图，初步定出企业会涉及的部门和岗位的种类和归属。定岗定编的逻辑如图10-1所示。

完成系统思考，定岗定编存在的逻辑

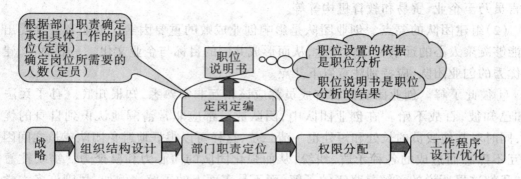

图10-1　定岗定编逻辑图

（2）定员。根据企业的规模和业务量，以及每个岗位的工作量定出每个部门每个岗位需要的人员配备，注意可以一岗一人，也可以一岗多人或一人多岗。但对于初创企业来说，一定要注意企业的组织结构（图10-2）尽量简单，尽量采用直线式的结构模式，工作量一定要划分清楚并安排合理，尽量避免人力资源的浪费。

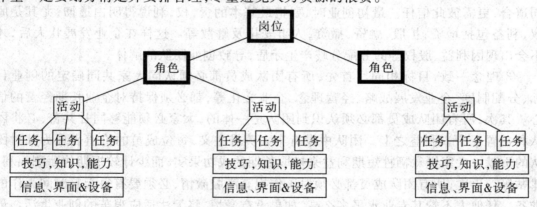

图10-2　组织结构图

（3）岗位设计。在前两步的工作基础上编写详细的职位说明书，根据组织需要，并兼顾个人的需要，规定每个岗位的任务、责任、权力以及组织中与其他岗位关系，并最终将岗位设计编写为职位说明书。这一步是把工作的内容、工作的资格条件和报酬结合起来，目的是满足员工和组织的需要。岗位设计问题主要是组织向其员工分配工作任务和职责的方式问题，岗位设计是否得当对于激发员工的积极性，增强员工的满意感以及提高工作绩效都有重大影响。需要注意的是，对于初创企业来说，前期岗位设计通常会比较概括，无法具体，创业者主要应该完成岗位设计的框架，岗位的具体任务以及责任权利两大部分，后面再随着企业的不断发展壮大，不断细化完善企业的组织结构和岗位设计。岗位设计如图10-3所示。

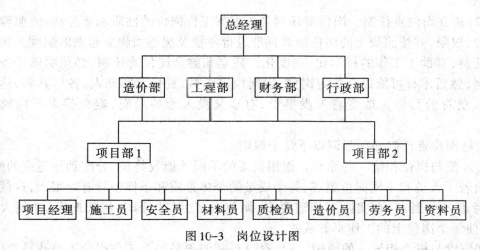

图10-3 岗位设计图

（4）招募。最后以职位设计书为基础,招募合适的人员,这也是创业团队组建最关键的一步。关于创业团队成员的招募,主要应考虑两个方面:一是考虑互补性,即考虑其能否与其他成员在能力或技术上形成互补。这种互补性形成既有助于强化团队成员间的合作,又能保证整个团队的战斗力,更好地发挥团队的作用。一般而言,创业团队至少需要管理、技术和营销三个方面的人才。只有这三个方面的人才形成良好的沟通协作关系后,创业团队才可能实现稳定高效。二是考虑适度规模,适度的团队规模是保证团队高效运转的重要条件。团队成员太少则无法实现团队的功能和优势,而过多又可能会产生交流的障碍,团队很可能会分裂成许多较小的团体,进而大大削弱团队的凝聚力。一般认为,创业团队的规模控制在2～12人之间最佳。

3. 管理创业团队

任何一个团队组织严谨有规章制度可循,才会产生高效率。企业管理要坚持岗位责任制,建立责权分明的基本管理制度企业运转才会顺利。建立企业管理制度要注意以下几点:

（1）分工协作是基础。分工是提高管理的专业化程度和工作效率的要求,把组织的任务、目标分成各个层次,成为各个部门以及各个人的任务和目标,明确各个层次、各个部门乃至各个人应该做的工作以及完成工作的手段、方式和方法;协作是指要明确各部门与部门之间以及部门内部的协调关系和配合方法。分工协作是提高劳动效率的基本手段。在知识型组织中,人才个体是具有异质但又相关或相近的人力资本,分工可以使每个人专注于自己领域内的工作,有利于提高工作和创新效率,同时也有助于人才个体经验的积累和知识的完善。分工的目的是为了责任到人,提高大家工作的积极性,同时人才群体的协作又可以达成个体之间的优势互补,产生一种集群生产力和创造力,这是人才个体单独、离散的能力无法比拟的,所以协作的目的是为了联动,提高大家工作效率。两者的最终目的都是一样的,都是为了实现团队的目标。分工是协作的基础,没有分工,协作就无从谈起;协作是分工的延伸,有了协作,分工才能共同创造出更大的价值,它们共同构成了管理团结的基础。一个好团队,先要有明确的分工,各司其职,再进而相互协作,适时联动完成任务。这样将各自为政的点用线连在一起才能避免浪费,并且共同创造出更大的价值。

（2）建立岗位责任制。岗位责任制是指根据工作岗位的性质和业务特点，明确规定其职责、权限，并按照规定的岗位绩效标准进行考核及奖惩而建立起来的制度。实行岗位责任制，有助于工作的科学化、制度化。建立和健全岗位责任制，必须明确任务和人员编制，然后才有可能以任务定岗位，以岗位定人员，责任落实到人，各尽其职，达到事事有人负责的目标。改变有人没事干，有事又没人干的局面，避免苦乐不均现象的发生。

实施岗位责任制必须强调以下几个原则：

①才能与岗位相统一的原则。根据员工的不同才能及特长，分配到相适应的岗位。团队由若干人员和不同岗位组成，每个成员的个体素质和条件差异有时很大，这就要求充分考虑各种因素，在实际工作需要中，调整人员，量才授职，扬长避短，才能人尽其才，也使每个岗位上的工作卓有成效。

②职责与权力相统一的原则。职、责、权、利四项是每个工作岗位不可或缺的因素，责任到人，就必须权力到人，并使之与实际利益密切联系，体现分配原则。有责任无权力，难以取得工作成效；有权力无责任，将导致滥用权力。因此，建立岗位责任制，必须使团队中的每一个成员都有明确的职务、权力和相适应的利益享受。

③考核与奖惩相一致的原则。岗位责任制的建立，提供了团队人员考核的基本依据，而考核必须作为奖惩的基本依据，这样才能使两者相一致，论功行赏，依过处罚，岗位责任制就能起到鼓励先进，激励后进，提高工作效率的作用。这样的岗位责任制才能真正发挥作用。

小 贴 士

合理授权

合理授权，即让团队成员分担责任，可以使团队成员更多地参与项目决策过程，允许个人或小组以自己的更灵活的方式开展工作。通过授权，其重要意义如下：

（1）显示领导者对团队成员的信任和肯定，给予团队成员个人成长发展的空间，有助于团队精神的培养，有助于团队领导与团队成员的默契培养。

（2）合理授权有助于充分发挥团队成员的积极性和创造性，员工在工作中除了金钱物质的追求外，还有实现自我价值的愿望，给予主动性高、进取心强的员工足够授权，更能够促进工作的成功，促进员工的成功，员工的成功就是企业的成功。

（3）合理授权有助于决策时效性。市场经济下，情况瞬息万变，领导者不可能时刻掌握完整最新的信息，授权团队成员在自我工作范围内及时决策，有助于应对外部环境的变化；同时，领导者可以从繁重的具体事务中脱离出来，转向商业模式、目标管理和过程控制等关键性工作。

（3）保证信息沟通。除了做好前面两个基本点外，还要保证团队内部信息沟通顺畅，沟通是信息交流的重要手段，连接不同种族、不同文化、不同习俗、不同理念的人。良好、有效的沟通能让交流的双方充分理解，达成共识。只有赏罚制度没有沟通，会带来两个弊端，第一，制度容易片面，常常造成罚的人怨声载道，奖的人也觉得没有得到想要的东西,大大降低了激励机制的作用;第二,制度会显得过于冰冷,无法真正地调动人的积极性,也不利于留住人才,尤其是创业初期阶段,物质奖励有限,就更需要发挥沟通的作用,用企业的温度留住人才。美国著名未来学家奈斯比特曾指出:"未来竞争是管理的竞争,竞争的焦点在每一个社会组织内部成员之间及其外部组织的有效沟通上。"

团队成员之间通过畅通的渠道交换信息,互相之间能迅速、准确地了解一致的想法和情感。管理层与团队成员之间通过健康的信息反馈,也有助于管理者指导团队成员行动,消除误解。

最后需要指出的是:在企业初期时,需要科学的管理系统,但更需要遵循精简高效原则,为了减少创业期的运作成本、最大比例地分享成果,创业团队人员构成应在保证企业能高效运作的前提下尽量精简。根据自身情况抓大放小,善用一些管理小办法,让管理能真正为企业带来益处。

二、资金资源的分析和管理

教学视频10-3

资金资源主要是以货币形式存在的资源。资金不仅是企业生产经营过程的起点,更是企业生存发展的基础。在企业的销售活动能够产生现金流之前,企业需要为购买和生产存货支付资金,需要进行广告宣传,需要支付员工薪酬,还可能需要对员工进行培训;另外,要实现规模经济效应,企业需要进行持续的资本投资;加上产品或服务的开发周期一般比较漫长,就使得新创企业在早期就需要筹集资金。

大学生创业的最大困难之一就是资金的缺乏。即便是已建立若干年的企业,资金链的断裂也是企业致命的威胁。据国外文献记载,倒闭破产的企业中有85%是盈利情况非常好的企业,这些企业倒闭的主要原因是资金链的断裂。企业可能不会由于经营亏损而破产清算,却常常会因为资金断流而倒闭。资金对企业,尤其是初创期的企业来说有着至关重要的地位。

1. 融资概念和融资方式

融资主要是指资金的融入,也就是通常意义的资金来源,具体是指通过一定的渠道,采用一定的方法,以一定的经济利益付出为代价,从资金所有者手中筹集资金,满足使用者在经济活动中对资金需要的一种经济行为。

创业融资有"广义"和"狭义"之分。狭义的融资概念是指不同资金所有者之间的资金的融通,即资金从资金供给方流向需求方。广义的融资除包括前者外,还包括某一经济主体通过一定方式在自己内部进行资金融通。

从融资主体角度,创业融资的方式可以作三个层次的划分:第一层次为内源融资和外源融资;第二层次将外源融资划分为直接融资和间接融资;第三层次则是对直接融资和间接融资再作进一步的细分。

(1)内源融资和外源融资。企业的内源融资是指企业依靠其内部积累进行的融资,具体包括如下几种形式:资本金(除股本)、折旧基金转化为重置投资和留存收益转化为新增投资。企业的外源融资,则是指企业通过一定方式从外部融入资金用于投资。

相对于外源融资,内源融资可以减少信息不对称的问题以及与此相关的激励问题,节约企业的交易费用,降低融资成本,也可以增强企业的剩余控制权。内源融资在企业的生产经营和发展壮大中的作用是相当重要的。但是,内源融资毕竟非常有限,现实中的资金供求矛盾总是存在的,并推动着外源融资的发展。任何企业在创业发展过程中,都会遇到一个确定内源融资与外源融资合理比例的问题。

(2)直接融资和间接融资。企业的直接融资是指企业作为资金需求者向资金供给者直接融通资金的方式,一般是指发行股票和债券等;企业的间接融资则是企业通过金融中介机构间接向资金供给者融通资金的方式,一般是指银行或非银行金融机构的贷款等。

就各种融资方式来看,内源融资不需要实际对外支付利息或股息,不发生融资费用,内源融资的成本远低于外源融资。因此它是企业首选的融资方式。当内源融资仍不能满足企业的资金需求时,企业不得不转向外源融资。外源融资可以迅速为企业的发展提供大量的资金,并且形式多样化,尤其对于初创企业来说,仅仅依靠自身的资金是会极大限制企业发展速度的,所以创业者也应该熟悉了解常见的融资手段。

2. 创业资金的获取途径

(1)自备资金。成功的创业者资金有30%来自自己的积蓄。从萌生创业想法到最终付诸实践,在这期间创业者要攒下积蓄。"先打工赚钱,再出来创业"是许多创业者的路径规划。大学生创业者李立寅建议:最好不要盲目创业,尤其是大学生们,可以先在校打工或是先就业。这样不仅可以筹集创业资金,而且能够积累经验和资源。

(2)向家人和朋友借钱。这是很多创业者筹集资金采用的方法。这种方法注意两点:借钱要适度,不要贪多;向亲人朋友借钱要在他们的承受范围内。借钱时要写借条,标准借条如图10-4所示。

借条

兹有借款人＿＿＿（身份证号码:＿＿＿）,因创业需要,向＿＿＿（身份证号:＿＿＿）,借到人民币（大写＿＿＿）元,借期 X 年,年利率 6%,于贰零贰贰年拾月捌日到期时本息一并还清。该借款若借款人不如期还款,视为违约,应支付出借人百分之二十的违约金。如到期未还清,愿承担＿＿＿通过诉讼等方式追讨借款所支付的交通费、律师费、诉讼费、公告费、保函费、保全费等其他费用。并经双方约定,该借款发生纠纷时由 XX 所在地有管辖权的法院管辖。

立此为据

借款人:身份证号;
出借人:身份证号;
借款时间:年 月 日

备 注:借款人确认以 省 市 区 地址作为相关通知及诉讼等材料送达地址;若发生地址变更,应向出借人书面提供新的送达地址。

图10-4 标准借条

(3)合伙经营。人多力量大,不少人选择合伙创业的方式来减轻创业初期资金的压力。每个合伙人各出几万元、几十万元,启动资金很快凑拢。但是要面对合伙人合资带来的风险。

(4)加入孵化计划,赢取创业基金。很多城市的创业园区、政府机构都为创业者提供创业基金的政策和孵化器,提供办公的场所和初始基金;一些知名创业扶持服务机构、基金也会定期举办创业大赛,用赢取创业基金的方式筹集创业的"第一桶金"也是个高效、可行的办法,但要求创业者具备足够的实力,从众多申请者中脱颖而出。

（5）向投资人"要钱"。天使投资三要面向的是初创期和种子期的企业，投资资金数量都比较少，一般几万到几十万不等，而且投不投、投多少资金主要依据投资者个人的眼光和喜好，遇到合适的项目就可以立刻拍板。

范例二

阿里巴巴与软银

（6）申请银行贷款。很多银行都设有小额担保贷款，在必要时可用于满足企业日常生产经营的资金周转。比较适合创业者的银行贷款形式主要有抵押贷款和担保贷款两种。缺乏经营历史从而也缺乏信用积累的创业者，比较难以获得银行的信用贷款。

（7）众筹募资。创业者可以把自己的产品原型或创意提交到众筹平台，发起募集资金，由感兴趣的人来捐献指定数目的资金（捐助者可以在项目完成后，得到一定的回馈，如这个项目制造出来的产品）。有了这种平台的帮助，任何有想法的人都可以启动一个新产品的设计生产。

（8）赊购。赊购虽然不能直接获取资金，但它相当于以物抵资，也是一种间接获取资金的方法。但由于赊销方会对赊购的一方进行信用评级审核，达不到一定要求的一般不予赊销，初创企业因具有规模小、资产少的特点，故这种形式对于初创企业来说不太容易实现。

3. 创业的启动资金

在创业初期，创业者需要计算出创办企业所需的资金量，即创业的启动资金，启动资金用来支付场地（土地和建筑）、办公家具和设备、机器、原材料和商品库存、营业执照和许可证、开业前广告和促销、工资以及水电费和电话费等费用。这些支出可以归为投资（固定资产）和流动资金两类。

（1）投资（固定资产）预测。投资（固定资产）一般是指为企业购买的价值较高、使用寿命长的东西。可以分为企业用地和建筑与设备两类。

①企业用地和建筑。办企业或开公司，都需要有适用的场地和建筑。也许是用来开工厂的整个建筑，也许只是一个小工作间，也许只需要租一个铺面。如果能在家开始工作，还能降低投资。

②设备。设备是指企业需要的所有机器、工具、车辆、办公家具等。对于制造商和一些服务行业，最大的需要往往是设备，一些企业需要在设备上大量投资，因此了解清楚需要什么设备，以及选择正确的设备类型就显得非常重要。即使是只需安装少量设备的企业，也要考虑你确实需要哪些设备，并把它们写入创业计划。

（2）流动资金预测。流动资金是指企业日常运转所需要支出的资金。企业开张后要运转一段时间才能有销售收入。制造商在销售之前必须先把产品生产出来；服务企业在开始提供服务之前要买材料和用品;零售商和批发商在卖货之前必须进货;另外,企业在招揽顾客之前必须先花时间和费用进行促销。总之,企业需要流动资金支付开销,购买并储存原材料和成品,促销、工资、租金、保险和其他费用。

有的企业需要足够的流动资金来支付6个月的全部费用,也有的企业只需要支付3个月的费用。创业者必须预测,在获得销售收入之前,自己的企业能够支撑多久。一般而言,刚开始的时候销售并不顺利,因此,流动资金计划要宽裕些。具体流动资金花费有:

①原材料和成品储存。制造商生产产品需要原材料,服务行业的经营者也需要材料,零售商和批发商需要储存商品来出售。库存越多,需要用于采购的流动资金就越大,应将库存降到最低限度。如果允许赊账,资金回收的时间就更长,创业者需要动用流动资金再次充实库存。

②促销。新企业开张,需要促销自己的商品或服务,而促销活动需要流动资金。可以通过做促销计划并对促销活动进行分解来预算出费用。

③工资。如果需要雇用员工,在起步阶段就得给他们付工资。此外,还要以工资方式支付自己家庭的生活费用。计算流动资金时,要计算用于发工资的钱,通过用每月工资总额乘以还没到达收支平衡的月数就可以计算出来。

④租金。正常情况下,企业一开始运转就要支付企业用地用房的租金。计算流动资金里用于房租的金额,还要考虑到租金可能一付就是3个月或6个月,会占用更多的流动资金。

⑤其他费用。在企业起步阶段,还要支付一些其他费用,例如电费、文具用品费、交通费等。

创业者必须知道企业的流动资金对于企业来说非常重要,它犹如企业的血脉,一旦停止流动企业就会死掉。所谓"一分钱难倒英雄",很多企业破产了不是因为没钱了,而是因为没有流动资金了,对于初创企业来说,流动资金的重要程度是超过利润的。所以,对于流动资金的预测和管理才是企业的重中之重。

4. 资金的管理

创业者必须具备一定管理企业资金的能力,养成记账的好习惯。记账的好处有很多,首先它可以清晰地显示出企业在项目和资金上的分配,让创业者对未来有更好的预期——做到"心中有数"。同时它能帮助创业者更好的管控流动资金,有利于预测和降低企业的经营风险。另外,清晰的账务可以为决策提供理性的数据,使其决策更加的科学合理。

(1)做好财务计划。对于一份创业计划书来说,至少需要有销售成本计划表和现金流量计划表两份财务计划,并在此基础上展示企业的盈利模式。

①销售成本计划:销售成本计划表(表10-1)是反映企业各个月份销售收入、成本构成情况以及利润情况的计划表。其结果主要由三部分组成:销售收入、成本构成、利润组成。销售收入包括含税收入和销售净收入(不含税收入);成本构成包括生产产品的"料工费"(材料费用、人工费用和间接费用)、经营期间的三费(销售费用、管理费用、财务费用)以及税收(包括附加税);利润组成部分包括所得税和净利润。制定销售和成本计划,可以掌握企业的实际运转情况,清楚地知道企业的利润多少,它既能看到销

售,也能看到成本,并清晰显示是否在赢利。如果赢利,就继续做下去(做创业计划);如果亏损,需要及时搞清楚是哪个环节出了问题,调整后重新做计划。

表10-1　销售成本计划表

项目	月份 金额(元)	1	2	3	4	5	6	7	8	9	10	11	12	合计
销售	含流转税销售收入													
	流转税(增值税等)													
	销售净收入													
成本	业主工资													
	员工工资													
	租金													
	销售费用													
	公共事业费													
	维修费													
	折旧费													
	贷款利息													
	保险费													
	登记注册费													
	原材料(列出项目)													
	(1)													
	(2)													
	其他:(1)													
	(2)													
	总成本													
附加税费														
利润														
企业所得税(个人所得)														
企业净利润														

②现金流量计划:现金流量计划(表10-2)其实就是一个围绕"现金"的流水账,它主要体现了企业的月初现金、月底现金、现金流入和现金流出。现金就像是使企业这台发动机正常运转的燃料,有些创业者由于缺乏管理现金流量的能力与经验,导致企业在经营中途抛锚。制定现金流量计划对企业来说十分重要:

a. 可以显示并掌握企业每月现金的流入和流出的数量；

b. 可以帮助企业保持充足的动力；

c. 可以防止现金短缺给企业造成致命威胁；

d. 计划中一旦发现现金流量负值时，能预告采取防范措施并加以补救。

公式：月初的现金+现金流入－现金流出=月底现金

表 10-2 现金流量计划表

项目 \ 金额（元） \ 月份		1月	2月	3月	4月	5月	6月	7月	8月	9月	10月	11月	12月	合计
现金流入	月初现金													
	现金销售收入													
	赊销收入													
	贷款													
	其他现金流入													
	可支配现金													
现金流出	现金采购支出（列出项目）													
	（1）													
	（2）													
	赊购支出													
	业主工资													
	员工工资													
	租金													
	营销费用													
	公共事业费													
	维修费													
	贷款利息													
	偿还贷款本金													
	保险费													
	登记注册费													
	设备													
	其他（列出项目）													
	（1）													
	（2）													

（续表）

项目 \ 月份 金额(元)	1月	2月	3月	4月	5月	6月	7月	8月	9月	10月	11月	12月	合计
增值税													
附加税费													
所得税													
其他税费													
现金总支出(B)													
月底现金(A-B)													

小 贴 士

盈利模式

盈利模式是指按照利益相关者划分的企业的收入结构、成本结构以及相应的目标利润。它是管理学的重要研究对象之一。盈利模式是对企业经营要素进行价值识别和管理,在经营要素中找到盈利机会,即探求企业利润来源、生产过程以及产出方式的系统方法。还有观点认为,它是企业通过自身以及相关利益者资源的整合并形成的一种实现价值创造、价值获取、利益分配的组织机制及商业架构。

（2）善用财务计划。创业计划中的财务计划实际上就是简化版的财务预算。财务预算是通过对企业内外部环境的分析,在科学的生产经营预测与决策基础上,用价值和实物等多种形态反映企业未来一定时期的投资、生产经营及财务成果等一系列的计划和规划。简单地说就是要预算企业未来一年的资金花费,各种花费的资金分配,企业的盈利能力,收入的配比,以及企业的负债情况等。预算对于企业的意义是非常大的,使用也非常广泛,我们国家要做国家财务预算,企业有企业财务计划,工程有工程预算,连家庭理财也要求做家庭财务计划,可见它的重要性。

古话说:凡事豫则立,不豫则废(《礼记·中庸》)。在实际管理中,要求计划一定要可量化,即每个项目都需要用货币精确计算。财务计划对于企业具有重大的意义,在企业的运营中,财务计划是最后一个环节,他是前面所有事务和数据的汇总体现。财务计划是企业生产计划、人力资源计划、营销计划的综合体现,所以它是对前几步工作的检验。它可以帮助企业从量的角度去检验在现阶段企业有没有足够的资金去支撑生产、销售、人力方面的支出,以及前期的生产、销售、人力计划在实际环境中能否实现;同时预算能够有效地帮助企业主预测和监控企业的流动资金,以便提前做好应对;另外,提前做好资金的使用安排,可以减少资金的浪费,防范经营风险;最后财务计划还能帮助创业者赢得投资,让投资者在短时间里量化地了解到企业项目的运用模式,盈利情况及未来发展等信息,也能从侧面让投资者了解创业团队的实力和想法。所以财务计划无论是从融资的角度还是从管理的角度来说都非常重要,创业者一定不能忽略。需要注意的是企业的财务计划可以是一个动态的计划,在企业正式经营过程中,创业者要根据实际情况或者新的决策不断地调整、比较、修改后面几期的财务计划,一定要牢记计划一定要贴合实际,才能够真正发挥其妙用,为企业的经营管理服务。

三、物质资源的分析和管理

物质资源是创业和企业经营所需要的有形资源,如建筑物、设施、机器和办公设备、原材料等,一些自然资源如矿产、森林等有时也成为新创企业的物质资源。

教学视频 10-4

物资的种类繁多,为了更好地管理和区分,可以将其分为固定资产、存货和易耗品三类。固定资产是指企业为生产产品、提供劳务、出租或者经营管理而持有的、使用时间超过 12 个月的,价值达到一定标准的非货币性资产,包括房屋、建筑物、机器、机械、运输工具以及其他与生产经营活动有关的设备、器具、工具等。固定资产是企业的劳动手段,也是企业赖以生产经营的主要资产。固定资产的特点为价值较高、使用时间在一年以上。存货主要是用于生产的原材料和用于出售的商品。易耗品主要是在管理工作过程中需要使用或消耗的物资,具有价值低、使用时间短的特点。

对于初创企业来说,物质资源常常管理混乱无章。无论是价值高的固定资产,还是日常消耗类的存货和易耗品,企业主常常对其的使用情况,使用数量,使用配比完全不知或者一知半解,造成了物质的浪费和流失,甚至会影响企业的正常经营。古有云:兵马未动,粮草先行。物资就是创业的粮草,在保证其充足的情况下也要减少浪费,同时还要保证管理的高效。对于初创企业来说,管理物资最好的办法就是分类管理。

1. 固定资产类的管理

对于初创企业来说固定资产的管理是重中之重。固定资产管理的重点在于清查,清查的关键在于建立专门的账簿,保证"账实相符"就是清查的基础。固定资产的管理具体分为以下几点:

(1)采购并验收固定资产。

①采购:采购过程包括制定固定资产采购计划、填写采购申请、内部审批、发出订单、联系供应商签订采购合同、设备验收、确认无误办理支付、财务核算和完成采购。对于初创企业来说,一定要根据实际情况和市场调研,按需适当采购所需固定资产,切记贪多贪大。采购过多固定资产,会造成大量的花费,给企业前期带来不必要的负担。创业者也可以和自己的团队共同商议,根据销售部门的销售计划、生产计划以及财务部门汇总的预算表来决定购买固定资产的种类和数量。

②验收:固定资产购置后,由固定资产管理人员负责组织安装、调试,并会同使用部门共同验收。验收合格后,填写固定资产验收单,经使用部门签字后,由固定资产管理部门保存。固定资产管理部门提供的设备,在安装验收合格后,统一编号,负责填写固定资产卡片,登记固定资产台账,固定资产卡片报财务部备案,完成对所购置固定资产的组建。对于验收不合格的固定资产,由购置部门负责与供货厂商联系,按照产品销售承诺协商解决。

(2)固定资产的使用维护。对于初创企业来说,固定资产使用过程中要注意两点:

①对于固定资产使用者一定要有记录,并且明确使用者的权利和责任,以及损害的赔偿,如果是多人共用,那么需要指派一个人负责管理,需要使用的员工到管理者处申

请,并签字确认,退回时依然需要签字。无论是领出还是收回,管理者都要负责咨询检测并双方确认签字,以此明确责任。

②固定资产除了及时记账外,还需要至少每年进行一次实地盘点,保证账实相符。不仅要盘点固定资产的数量,也要查看固定资产的使用情况,保证固定资产不会出现遗失或者损坏的情况而不自知。最后企业应注意为重要的固定资产准备一定的维修资金,防患于未然。

(3)固定资产的报废。对无法修复、无使用价值或技术性能落后的固定资产,由使用部门填写并提出固定资产报废申请。经固定资产管理部门鉴定确认后,由使用部门报请固定资产管理组织批准,实施报废处理。固定资产的报废一定要由除使用者外至少两方检测并确认后方可报废,以防范员工将还可以继续使用的固定资产以报废为由占为己有。

2. 存货(原材料和商品)

存货主要是指企业日常活动中持有以备出售的商品或者生产过程中所需要的原材料。在企业的运营中,企业是通过销售商品来赚取收入的,如果销售的商品出了问题必然会影响到销售量,实际上这类物资管理的好坏,直接影响到企业的资金占用水平、资产运作效率,是企业管理中不可忽视的一部分。尤其对于制造类企业,存货的管理更是关系着企业的正常生产和运行的大事。这类物资的管理应结合适当的凭证单据来记录管理,具体方法有以下几点:

(1)存货采购。存货的采购应一律通过供应部统一采购,各部门需采购存货时,应填写一式三份的采购申请表,列明其要求和建议,经部门负责人审批后交供应部。供应部根据公司采购流程实施采购。

(2)存货的验收、入库。对于外购存货,公司仓库管理人员应根据随货同行的送货单验收货物,公司仓库管理员需要确认货物是否为公司订单所定货物,实物货物是否与送货单一致,货物是否有损伤。对于自制存货,应由生产部门加工完毕后移交于仓库的产品,由仓库部门认真验收合格后,填写产品入库单,并经双方签字、确认后方可入库。

(3)存货的发出。对于外销的存货,仓库管理员应根据订单生成销售出库单并发货,打印销售出库单。对于内部领用的存货,仓库管理员应该根据审核批准后的领料申请单发货。

(4)存货的盘点。企业确定存货的实物数量有两种方法:一种是实地盘存制;另一种是永续盘存制。

①实地盘存制。是指企业平时只在账簿中登记存货的增加数,不记减少数,期末根据清点所得的实存数,计算本期存货的减少数。使用这种方法平时的核算工作比较简便,但不能随时反映各种物资的收发结存情况,不能随时结转成本,并把物资的自然或非自然损耗、人为短缺数隐含在发出数量之内;同时由于缺乏经常性资料,不便于对存货进行计划和控制,所以实地盘存制的实用性较差。通常仅适用于一些单位价值较低、自然损耗大、数量不稳定、进出频繁的特定货物。

②永续盘存制。是指企业设置各种数量金额的存货明细账,根据有关凭证,逐日逐笔登记材料、产品、商品等的收发领退的数量和金额,随时结出账面结存数量和金额。采用永续盘存制,可随时掌握各种存货的收发、结存情况,有利于存货管理。

3. 消耗品

消耗品又叫低值易耗品,是指劳动资料中单位价值在 10 元以上、2000 元以下,或者使用年限在一年以内,不能作为固定资产的劳动资料。它跟固定资产有相似的地方,但由于它价值低,使用期限短,所以采用简便的方法,将其价值摊入产品成本。对于初创企业来说,这类物资价值较小,影响不大,尤其是小微企业来说,一般管理较为松散,建议可交由存货管理员专人专管即可。如果初创企业确实消耗品使用量比较大,可以结合定额管理制度后再交由专人负责来管理消耗品。具体方法为:管理者将相关数据提交给财务部门,由财务部门人员结合以前年度的消耗品使用情况和今年的实际经营情况以及未来的使用情况大致预估出一个消耗品的使用量,并把明年的定额分配给各个部门,提醒其在定额内使用。同时将此定额表交由消耗品管理者,日常经营活动中需要物质者到管理人员处签字领取。这两个方法都可以在节约管理成本的基础上达到减少浪费和遗失的作用。

四、其他资源分析

范例三

教学视频 10-5   小兰的海外创业

在创业初期能够运用的资源有很多,常见的资源还包括以下几类:

1. 技术资源

技术资源包括关键技术、制造流程、作业系统、专用生产设备等。通常,技术资源包含三个层次:一是根据自然科学和生产实践经验而发展成的各种工艺流程、加工方法、劳动技能和诀窍等;二是将这些流程、方法、技能和诀窍等付诸实施的相应的生产工具和其他物资设备;三是适应现代劳动分工和生产规模等要求的对生产系统中所有资源进行有效组织和管理的知识、经验和方法。

技术资源大多与物质资源相结合,可以通过法律的手段予以保护,部分技术资源会形成企业的无形资产。在创业过程中,技术资源发挥的作用常常超过物质资源和资金资源,是当之无愧的核心资源之一。技术资源是新创企业存在和发展的基石,是生产活动和生产秩序稳定的根本。企业只有不断开发新技术、新产品,建立充裕的技术储备和产品储备,才能在市场竞争中立于不败之地。

在创业初期,创业资金需求基本满足的情况下,创业技术是最关键的资源。因此,积极寻找、引进有商业价值的科技成果,加强和高校科研院所的产学研合作,有助于加快产品的研发速度,提高新创企业的核心竞争力。

2. 人脉资源

人脉即人际关系、人际网络,体现人的人缘、社会关系,通过各种渠道所达到的领域。人脉一词由叶脉而来。叶片中叶脉扩展分布成网络;而人与人之间相识相处,建立各种关系,关系相互传递,亦形成网络。人脉资源是创业者自身或者团队的人脉关系所带来的资源。人脉资源在创业过程中也常常会给我们带来很多机会和帮助,例如阿里巴巴的第一笔风险投资就是其团队人员蔡崇信在高盛的人脉资源。实际上人脉资源从广义来说属于人力资源的一部分,为了便于理解故将其单独列出。

3. 政策资源

由国家的政策所带来的一些资源,例如允许个人从事科技创新活动,允许技术入股,支持海外与国内的高科技合作,为留学生回国创业解决户口、子女入学等后顾之忧,简化政府的办事手续;还包括国家大力扶持创业,小微企业实现减免税收,积极鼓励学校开展创业教育,开办"孵化园"等为大学生创业服务。这些准入政策、鼓励政策、优惠政策、扶持政策都是属于政策资源。

4. 信息资源

人们常说,时间就是金钱,而创业者实践证明,信息也是金钱。在这个信息时代下,信息是创办企业的基础,所以,捕捉信息,就等于捕捉了成功的机遇。"创业者书读得不多没关系,就怕不在社会上读书。我们不仅要捕捉信息,更要在信息中把握机遇。"马云的这番话道出了信息资源在创业中的重要性。事实上,在现实商业活动中,通过信息捕获商机的成功者举不胜举,但对广大企业来说,缺乏市场信息还是很大难题。任何成功都不是偶然的,成功的机会在于挖掘,即使是一条不起眼的信息,也可能蕴涵无限的商机。

信息资源的获取途径:

(1)通过公开出版的纸质媒体搜集各类信息资源,包括公开发行的科技期刊和各种报刊资料以及企业公开发行的资源。

(2)从第三方获取,可以通过电话咨询、问卷、信函或面访等方式向包括个人、团体(广告商、经销社、供应商、质检部门、行业协会、信息中心等)获取需要的信息。

(3)通过企业内部员工建立的人际网络获取资源。企业内部蕴藏着丰富的信息资源,企业各级干部、工程技术人员以及基本员工,在与外界人际交往过程中,可能会及时反映出一些对企业至关重要的新情况,以及竞争者的新动向,从而形成了多点搜集信息的网络,极大拓展了竞争信息中灰色信息的搜集渠道,信息的及时性和多样性也得到提高和丰富。为了更好地开发利用企业的信息资源,企业必须营造一个有利于信息沟通与共享的工作氛围,促使员工自觉地关心企业的生存与发展,关注企业的竞争,主动提供相关信息。

小贴士

信息资源能够帮助我们什么?

第一,提高竞争力。竞争是市场经济最显著的特征,竞争力是企业的生命,企业竞争力表现在市场占有率和利润率,从远期趋势看则表现为信息的获取能力。中国加入WTO,引来更多的外资企业进军中国市场,中国企业面临的国内外竞争日益加剧,国内企业必须面向市场,准确深入地掌握市场变化的综合性信息并加以开发利用,才能取得竞争优势,提高竞争实力。

第二,实施战略管理。战略管理的核心是战略决策、战略决策不同于一般计划或生产管理,它具有全局性、综合性、长远性的特点。决策的科学化不仅需要高水平的决策者,还需要大量的经过分析、加工的科技、经济、商业等方面的综合性信息。

第三,加速技术创新和开发的过程。技术对人类的生活最具影响力,每一种新科技都是一种"创造性的破坏"力量。企业要保持良好的发展势头,就必须尽快从旧产业转入新产业,及时沟通外部环境信息、经济信息,尤其要掌握大量的竞争信息和有关技术标准,了解技术发展的最新动态,为本企业的技术研究开发提供新思路。同时,还要结合企业经营的发展状况,适时调整创新项目的技术方案,加速创新与开发的进程。所以信息资源也属于核心资源之一。

5. 科技资源

高科技新创企业主要是研发和生产科技产品,科技资源的重要性不言而喻。积极寻找引进有商业价值的科技成果,加强和高校科研院所的产学研合作,将有助于加快产品研制和成型的速度,缩短产品进入市场的时间,为企业的市场竞争提供有力支持。

知识拓展

贷款的类型和特点

课后练习

(1)创业团队通常由哪些角色组成,他们各自的职能是什么?
(2)创业的融资渠道有哪些?
(3)财务计划的作用有哪些?
(4)如何管理企业的固定资产?

小组讨论

(1)理清你的创业资源,并将人、财、物等资源进行有机整合。
(2)如果你即将创业,你会选择合伙创业还是独自创业,为什么?

第十一章　撰写创业计划书与创业启动

(1)培养大学生创业意识,能正确认识创业。

(2)通过学习了解创业中创业计划书的重要性、组成部分。

(3)通过学习能完成创业计划书的编写。

(4)通过学习了解创业项目的路演及技巧。

PPT

第一节　形成创业计划书

凡事豫则立,不豫则废。

——《礼记·中庸》

案例导入 ○

教学视频 11-1

小曾的创业计划书

一、创业计划书

创业计划书是创业者全面描述经营业务的书面材料,通过对创业项目内部和外部因素的调研、分析,全面展示公司和项目目前状况、未来发展潜力以及具体实施计划。

二、形成创业计划书的重要性

一个酝酿中的项目,往往很模糊,通过制订创业计划书,把正反理由都书写下来,然后再逐条推敲,创业者这样就能对这一项目有更清晰的认识。可以这样说,创业计划书首先是把计划中要创立的企业推销给创业者自己。让你的创业项目有一个清晰明了的轮廓,项目要建立在现实、有效的市场调查基础上,不能凭空想象,主观判断。最简单的作用就是它会让你时刻明白自己在干什么!

具体可以从以下几个方面来看:

1. 检验创业构思是否可行

撰写创业计划书促使创业者系统思考新创企业的每个方面,梳理自己的思路,使创业团队全力以赴地解决创业过程中各个细节问题。思路清晰是前提,把清晰的思路落在纸上是重点。在撰写的过程中,会产生各种冲突,会发现原来的计划受到现实的限制和挑战,因此需要不断完善计划。创业计划书的撰写不是一项轻松的工作,需要花费几天、几周甚至更长的时间才能完成一份像样的创业计划书。

2. 全面规划企业发展路径

在制定创业计划的过程中,创业者可以对企业的各个方面有一个全面规划,比如规定目标客户、辨明竞争态势、规划市场范围、形成营销策略。创业计划的制定可以保证这些方面的考虑协调一致。创业计划书可以帮助创业者列出一个明细清单,确定企业需要的各种资源及数量,如厂房、设备、人员、资金等,也可以为创业经营目标和相关活动提供一个时间表,根据计划在什么时间完成哪些工作。

3. 帮助企业进行融资

试想你是一名风险投资人,两位创业者先后向你介绍了自己的项目。当你想进一步了解项目信息,向他们索要创业计划书时,其中一位创业者表示他还没有正式的计划书,但愿意跟你面谈他的创意;而另一名创业者立刻表示他马上可以提供30页的创业计划书和15页的幻灯片介绍创业项目。请问在两个项目条件相当的情况下,你会选择哪个创业者投资呢? 答案是显然的。好的创业计划书能让投资者更快地了解项目信息,继而产生投资该项目的兴趣,最终为新企业的创立筹集所需的资金。

4. 吸引合作伙伴加盟

创业者需要各种各样的合作伙伴,使企业更加充满活力,更好发展。越是精心准备的创业计划书,越能说明创业者想尽力完成什么目标,以及达到这些目标将如何去做。它能解释创业者的愿景,以及愿景如何被转变为一家盈利的、可行的企业。创业计划书是直接跟投资者、股东、法律人士交流的基础工具,也可以帮助员工建立起强烈的团队协作感和团队精神。

5. 争取政府部门扶持

各级政府相关部门为鼓励创业,都在以各种形式扶持创业者,除政策性支持外,有的直接提供经济上的帮助,如资金扶持、场地扶持、税收扶持、社保扶持等。要争取到这些扶持必须借助完整的创业计划书来展现企业及其创业项目具有积极的社会意义,以及企业需要政府部门提供的具体支持。

6. 衡量企业发展进程

创业计划书中包括对企业即时状态的描述,包括描述半年、一年甚至更长时间以后企业可能处于什么状态。当这些时刻来临时,创业者可以对照创业计划书,衡量企业在各方面表现如何。

7. 应对各种经营危机

创业计划书要求对企业可能面临的风险作出分析并设计出规避措施,对突发事件应对方式也进行相应的设计,这些都有助于新企业在面临困境时很快找到解决方案。

总之,作为一个创业者,在撰写创业计划书的过程中需要认真、全面的处理许多复杂问题,这些问题围绕如何把创意和愿景转化为现实的过程而展开,包括如何生产产品,以何种价格出售,如何营销,销售给谁,企业与潜在的竞争对手如何开展竞争,需要何种融资,来源何处,资金如何使用,这些事情由谁负责等。因而,创业者撰写创业计划书,不仅仅是为说服别人给他们的新企业投资,也是为了让自己更清晰地理解进一步前进的最佳方式。

撰写创业计划书不能保证创业一定成功,但的确可以加大成功的概率。创业是一个旅程,一个不熟悉且充满风险的旅程,创业计划书更像一个路线图,当然这个路线图必须是正确的。

三、创业计划书的组成部分

一般包括:创业项目摘要、业务描述、产品与服务、市场营销、管理队伍、财务预测、资本结构、投资者退出方式和风险分析等方面。

1. 项目摘要

创业计划书摘要是一到两页的概括,列在创业计划书的最前面。它是浓缩了的创业计划书的精华,涵盖了计划的要点,以求一目了然,以便读者能在最短的时间内评审计划书并作出判断,"把麦粒从谷壳中挑出来"。

创业计划书的摘要一般要包括以下内容:公司介绍、主要产品和业务范围、创业计划的内容、市场概括、营销策略、销售计划、生产管理计划、管理者及其团队、财务计划、资金需求状况等。

2. 业务描述

在介绍企业时,首先,要说明创办新企业的思路,新思想的形成过程及企业的目标和发展战略;其次,要交代企业现状、过去的背景和企业的经营范围,在这一部分中,要对企业以往的情况做客观的评述,不回避失误,中肯的分析往往更能赢得信任,从而使人容易认同企业的创业计划书;最后,还要介绍一下创业者自己的背景、经历、经验和特长等。企业家的素质对企业的成绩往往起关键性的作用,在这里,企业家应尽量突出自己的优点并表示自己强烈的进取精神,以给投资者留下一个好印象。

业务描述中还须要回答下列问题:

(1)企业所处的行业,企业经营的性质和范围是什么?

（2）企业主要产品的内容是什么？

（3）企业的市场在哪里，谁是企业的顾客，他们有哪些需求？

（4）企业的合伙人、投资人是谁？

（5）企业的竞争对手是谁，竞争对手对企业的发展有何影响？

3. 产品与服务

在进行投资项目评估时，投资人最关心的问题之一，就是：企业的产品、技术、服务能在多大程度上解决现实生活中的问题，或者企业的产品（服务）能否帮助顾客节约开支，增加收入。因此，产品介绍是创业计划书中必不可少的一项内容。

通常，产品介绍应包括以下内容：产品的概念、性能及特性、主要产品介绍、产品的市场竞争力、产品的研究和开发过程、发展新产品的计划和成本分析、产品的市场前景预测、产品的品牌和专利。在产品（服务）介绍部分，创业者要对产品（服务）作出详细的说明，说明要详细，也要通俗易懂，让即使不是专业人员的投资者也能明白。一般产品介绍都要附上产品原型、照片和其他介绍。

一般地，产品介绍必须要回答以下问题：

（1）顾客希望企业的产品能够解决什么问题，顾客能从企业的产品中获得什么好处？

（2）企业的产品与竞争对手的产品相比有哪些优缺点，顾客为什么会选择本企业的产品？

（3）企业为自己的产品采取了何种保护措施，企业拥有哪些专利、许可证或已申请专利的产品？

（4）为什么企业的产品定价可以使企业产生足够的利润，为什么用户会大批量地购买企业的产品？

（5）企业采用何种方式去改进产品的质量、性能，企业对发展新产品有哪些计划等。

产品（服务）介绍的内容比较具体，因而写起来相对容易。虽然夸赞自己的产品是推销所必需的，但应该注意，企业所做的每一项承诺都是"一笔债"，都要努力兑现。要牢记，创业者和投资家所建立的是一种长期合作的伙伴关系，空口许诺，只能得意于一时。如果企业不能兑现承诺，不能偿还"债务"，企业的信誉必然要受到极大的损害。

4. 市场营销

这一部分的要求是明白为什么这个项目有市场，有投资价值。首先，简述该产品或服务所面对的市场及竞争者的情况。接着，把市场细分，并给出一个最适合自己的市场定位。在这过程中，市场调查发挥着至关重要的作用。通过市场调查，可以充分了解主要竞争对手，深入了解目标市场消费者，从而有助于企业在下一步宣传活动中，将其独特的竞争优势准确地传达给潜在客户，并在客户心中留下深刻印象。

市场策略主要以4P理论为框架，简单介绍企业的产品、定价、渠道和促销手段。4P组合策略，即产品（product）、价格（price）、渠道（place）和促销（promotion）。市场营销策略需依据以上四点层层分析，根据目标消费者的特点，为其量身定做一系列营销策略。

产品策略是市场营销4P的核心，是企业市场营销活动的支柱和基石，是价格策略、分销策略、促销策略的基础。产品是企业营销活动的核心,它是提供给市场、用于满足人们需求的有形产品和无形产品。

5. 管理团队

中小企业98%的失败来自于管理的缺失,其中45%是因为管理缺乏竞争力。企业管理的好坏,直接决定了企业经营风险的大小。企业的管理人员应该是互补型的,而且要具有团队精神。一个企业需要具备负责产品设计与开发、市场营销、生产作业管理、企业理财等方面的专门人才,在创业计划书中,必须要对主要管理人员加以阐明,介绍他们所具有的能力,他们在本企业中的职务和责任,他们过去的详细经历及背景。此外,在这部分创业计划书中,还应对企业结构做简要介绍,包括:企业的组织机构图(图11-1);各部门的功能与责任;各部门的负责人及主要成员;企业的报酬体系;企业的股东名单,包括认股权、比例和特权;企业的董事会成员;各位董事的背景资料。

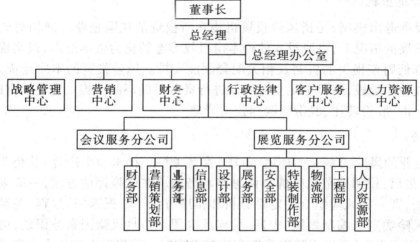

图11-1　某策划公司的组织机构图

6. 财务预测

考虑融资款项的运用、营运资金周转等,并预测未来3年的资产负债表、损益表和现金流量表。详细说明企业的资金用途,最好的话就是用列表(表11-1),这样可以一目了然。

表11-1　项目实施的计划进度及相应的资金配置进度表

（单位万元）	第一年	第二年	第三年	第四年	第五年	备注
年收入						
销售成本						
营运成本						
净收入						
实际投资						
资本支出						
年终现金余额						

7. 资本结构

企业目前及未来资金筹集和使用情况、企业融资方式、融资前后的资本结构见表 11-2。

表 11-2　资本结构表

迄今为止有多少资金投入贵企业？	
您目前正在筹集多少资金？	
假如筹集成功,企业可持续经营多久？	
下一轮投资打算筹集多少？	
企业可以向投资人提供的权益有？	□股权□可转换债□普通债权□不确定

8. 投资退出机制

所谓投资退出机制,是指风险投资机构在所投资的风险企业发展相对成熟或不能继续健康发展的情况下,将所投入的资本由股权形态转化为资本形态,以实现资本增值或避免和降低财产损失的机制及相关配套制度安排。风险投资的本质是资本运作,退出是实现收益的阶段,同时也是全身而退进行资本再循环的前提。它主要有四种方式,包括股份上市、股份转让、股份回购和公司清理。

9. 风险

介绍企业的风险类型（如环境、市场、管理、财务、技术和生产等）及企业是如何分析风险的,最后,说明防范风险的总体思路和措施。在风险评估方面,一般采用风险因素分析图法,即一种风险组合的定性分析和排序方法。根据部门、过程、关键性业绩指标和主要风险类别来编制短期、中期、长期风险图。一旦风险因素被识别,可以根据其严重性（或影响程度）和发生的可能性来绘制风险图。依据以上方法来采取风险管理措施时,可以通过对类似业务的企业进行深度访谈,获取实际企业防范风险的一些措施,使得风险管理措施更加切合实际。

风险管理当中包括了对风险的量度、评估和应变策略。理想的风险管理,是连串排好优先次序的过程,使当中的可能导致最大损失及最可能发生的事情优先处理,而相对风险较低的事情则押后处理。

四、形成创业计划书的注意事项

1. 过于技术性的文件

创业计划书应该以普通人的口吻来撰写,并避免使用生难的专业术语和无休止的缩写,它们应该易于阅读和理解,而不应晦涩难懂。创业者切记不可过于着迷于自己的项目,使用啰唆冗长的专业术语,而忘记项目需要寻求投资,项目需要落地。

2. 焦点不够清晰

覆盖范围太大的创业计划书和试图做太多事情的企业是无法吸引人的。成功的概念通常是简单的,而成功的创业者一般将注意力集中在一个有限的市场和产品上。

3. 荒谬的估值

创业计划书切记不可用一个理想的结论,然后向前推理,脱离实际情况地设定未来预期的估值。其实,估值应该基于创业者真正支付金额的合理估算。

4. 数字

这是关键之处。融资要求、预期回报率和现金流预测,这些都必须具有吸引力和足够的野心,否则就是浪费时间。没人会下大力气去运作一个永远超不过夫妻小店规模的项目。数字应该在开始就以一种简单的形式出现,不要把它们埋在计划书的后面。

5. 竞争

所有有能力的创业者都非常了解他们所面临的竞争情况。如果他们说没有竞争,那就是自欺欺人。一个可靠的创业计划书含有很多关于竞争对手的详细情况及为什么这项方案具有真正的竞争优势。

6. 不要期望完美的陈述

每一种情况都会有缺陷。如果一个投资者找的是没有缺点的计划,那他将永远没有投资对象。

7. 巨大的附录和过多的数据表

如果申请贷款的话,这些可能是必需的,但股本投资者通常根据几个重点来作出决定。如果投资者真的对方案感兴趣,那所有的参考证据和背景材料都可以随后奉上,别让配料喧宾夺主。

8. 让其他人执笔创业计划书

顾问撰写的创业计划书和创业者的思维有着明显的区别。它缺乏真实性,一定要请专家帮忙,但是要在你自己完成草稿之后。

9. 难以置信的利润和回报

声称企业将很快达到35%的营运利润率和100%的资本回报率,这样的创业计划书是不足取信的。带着现实和保守的态度,才能使你获得成功。

撰写创业计划书是一门艺术。它应该是一个项目拿到融资的最佳机会,因此,应认真、严谨地对待这项任务。

知识拓展

国家的创业扶持政策

第二节　创业项目路演

思路决定出路,布局决定结局。

——牛根生

案例导入

教学视频11-2

尹庆

一、项目路演及目的

项目路演是企业代表向投资方讲解自己的企业产品、发展规划、融资计划。

项目路演分为线上项目路演和线下项目路演。线上项目路演主要是通过QQ群,微信群,或者在线视频等互联网方式对项目进行讲解;线下项目路演主要通过活动专场对投资人进行面对面的演讲以及交流,如创业大赛等。

它的好处在于可以同时让多个投资人倾听创业者的讲解和说明,同时还可以有一个思考和交流的过程。通常情况下,投资人每天看到的创业计划书和接触的项目很多,甚至有的投资人一天阅读上百份项目计划书,筛选项目往往只能凭借一些市场份额、盈利水平等硬性指标,很难了解项目的精彩之处,很多优质的创业项目都是因此而与投资擦肩而过,所以掌握一些必要的路演技巧能帮助创业者在众多项目里脱颖而出。

二、创业计划的路演技巧

1. 明确创业计划的展示对象

(1)企业内部(员工或股东)。表述清晰的书面创业计划书,有助于澄清创业目标,协调团队的各项工作,增强团队凝聚力和行动力,激发团队一致行动向目标前进。

对于企业职能部门经理而言,通过分析各环节和未来战略目标的创业计划,能确保自己所做的工作与企业整体计划方向一致。

(2)投资者和其他外部利益相关者。投资者、潜在商业伙伴、潜在客户、前来应聘的关键员工等外部利益相关者是创业计划的第二类读者。

要吸引这些人,创业计划书不要过分乐观,过分乐观会破坏创业计划书的可信度。

创业计划书必须明确显示商业创意可行,并与那些风险更小的投资选择相比,商业创意能给潜在投资者带来更高的资金回报;对于商业伙伴、客户和前来应聘的关键员工而言,仍须如此。

创业计划书必须论证其商业创意的可行性,开发出一套行之有效的商业模式,并深入认识所处的竞争环境。注意要展现的事实,即用事实说话。

2. 向投资者陈述创业计划书的技巧

(1)陈述准备。与投资者会面之前,创业者一定要准备好幻灯片,而且内容要以预订的陈述时间为限。

陈述的首要原则是严格遵守会议时间地点安排,做好充分准备。如果需要视听设备,应事先准备好。

注意事项:

①确保陈述流畅,逻辑清晰。

②幻灯片要简洁扼要。

③内容应通俗易懂(忌过多专业术语)。

④陈述企业自身状况而非技术或产品细节。

⑤避免遗忘一些重要的资料。

(2)陈述的关键点以及陈述技巧。陈述仅需要使用10~15张幻灯片,不追求全面,要抓重点,尤其是投资者可能感兴趣的部分。

公司:用1张幻灯片迅速说明企业概况和目标市场。

机会(尚待解决的问题和未满足的需求):这是陈述的核心内容,最好占2~3张幻灯片展示。

解决方式:企业将如何解决问题或如何满足需求,该项内容需要1~2张幻灯片。

管理团队:用1~2张幻灯片简要介绍每个管理者的资格和优势。

产业、目标市场:用1~2张幻灯片介绍企业即将进入的产业及目标市场状况。

竞争者:用1~2张幻灯片简要介绍直接和间接竞争者,并详细介绍企业如何与目标市场中的现有企业竞争。

知识产权:用1张幻灯片介绍企业已有的或待批准的知识产权。

财务:简要说明即可。强调企业何时盈利,为此要多少资本,以及何时实现现金流持平,最好用2~3张幻灯片。

需求、回购和退出战略:用1张幻灯片说明企业需求资金数目及设想的退出战略。

3. 现场答辩与反馈

创业者要敏锐预见投资者可能会提出什么问题,为此创业者就可以做好准备。投资者可能会用很挑剔的眼光看创业计划书,这时,创业者可能会很生气,其实,投资者仅仅是在做分内的事情,提出的问题可能会有很大帮助,给创业者很大启发。

回答问题阶段非常重要,此时投资者往往考察创业者是否挖掘到问题的本质,以及对新创企业了解多少。

现场回答投资者问题要注意:

(1)准确理解,回答具有针对性、条理性。

(2)迅速作答,内容客观、条理清楚。

(3)关键问题充分阐述:对投资者关心的问题做出充分的说明和解释。

(4)整体答辩的逻辑性要求:陈述和回答的内容有整体一致性。

(5)配合要求:分工合作、有效补充。

知识拓展

创业项目路演

第三节　创立企业及退出机制

坚持是通向成功的基石,不到万不得已不要轻言放弃。

——埃隆·马斯克

案例导入

教学视频11-3

小王创业中的问题

一、企业注册流程

企业注册的一般步骤如下:

1. 核名

注册企业第一步就是企业名称审核,即查名。创业者需要通过工商行政管理局进行企业名称注册申请,由工商行政管理局进行综合审定,给予注册核准,并发放盖有工商行政管理局名称登记专用章的"企业名称预先核准通知书"。

此过程中申办人需要提供法人和股东的身份证复印件,并提供公司名2~10个,写明经营范围,出资比例。公司名称要符合规范,例如四川/成都(地区名)+某某(企业名)+贸易(行业名)+有限公司(类型)。

2. 租房

根据《公司法》和《物权法》的规定,公司注册的商业产权证上的办公地址最好是写字楼,对大学生创业者来说,目前有很多经济园区或孵化机构可以免费或优惠提供公司住所。如果你自己有厂房或者办公室也可以,需注意有的地区不允许在居民楼里办公。租房后要签订租房合同,并让房东提供房产证的复印件。

3. 编写公司章程

可以在工商行政管理局网站下载"公司章程"的样本,参照进行修改。章程的最后由所有股东签名。

4. 特殊经营范围审批

如新创企业的经营范围中涉及特种行业许可经营项目,则需报送相关部门报审盖章。特种许可项目涉及旅馆、印铸刻字、旧货、典当、拍卖、信托寄卖等行业,需要消防、治安、环保、科委等行政部门审批。特种行业许可证办理,根据行业情况及相应部门规定不同,分为前置审批和后置审批。

5. 办理公司登记注册

工商行政管理局经过企业提交材料进行审查,确定符合企业登记申请,经工商行政管理局核定,即发放工商企业营业执照,并公告企业成立。

当资料全部准备完整之后,就可以向工商行政管理局申请公司的登记注册,它主要包括以下几个步骤:

(1)凭《企业名称预先核准通知书》,向企业登记机关领取相应的企业登记注册申请表,然后填写表格内容,主要包括企业名称、地址、股东、法定代表人等信息。

(2)准备所有工商行政管理局要求的资料,包括:

①法定代表人及自然人股东的照片,一般为一寸照片,黑白或彩色都可以(在办理一家企业的整个过程中,在不少地方都要贴上照片,法定代表人要准备约十张,股东要准备约三张)。

②所有股东的身份证原件及复印件,如果股东有企业法人,则必须准备其营业执照的原件及复印件,如果法定代表人的户口不在企业注册的所在地,必须办理在当地的暂住证。

③公司董事长签署的设立登记申请书。

④全体股东指定代表或者共同委托代理人的证明。

⑤企业章程。

⑥载明企业董事、监事、经理的姓名,住所的文件以及有关委派、选举或者聘用的证明。

⑦《企业名称预先核准通知书》。

⑧企业住所证明(房屋产权证或能证明产权归属的有效文件。租赁房屋还包括使用人与房屋产权所有人直接签订的房屋租赁协议书或合同)。

⑨有的工商行政管理局还会要求提供其他一些证明,如自然人股东的计划生育证明(结婚证或未婚证)、特殊行业的前置审批及其相关文件,最好在注册之前先到工商行政管理局问清楚,使材料能够一次性准备齐全。

(3)由企业全体股东(发起人)指定的代表或共同委托的代理人将上面所有的材料递交给工商行政管理局。工商行政管理局收到申请人的全部材料后,发给《企业登记受理通知书》。

（4）工商行政管理局发出《企业登记受理通知书》后,对提交的文件、证件和填报的登记注册书的真实性、合法性、有效性进行审查,并核实有关登记事项和开办条件。

（5）予以核准的,工商行政管理局则会在核准登记之日起十五日内发《企业法人营业执照》,共同法定代表人按规定的时间到登记机关办理领照手续、缴纳登记费及有关费用后,公司法定代表人持缴纳费用的凭证、《企业登记受理通知书》和身份证在领照窗口领取《企业法人营业执照》。如法定代表人因事不能前来办理领照手续的,可委托专人持法定代表人亲笔签名的委托书及领照人身份证（原件）代领。

领取《营业执照》时,必须按规定缴纳登记费,标准如下：

①领取《企业法人营业执照》的,设立登记费按注册资本（金）总额的千分之一缴纳；

②注册资本（金）超过1000万元的,超过部分按千分之零点五缴纳。

6. 办理公章、财务章

凭工商行政管理局审核通过后颁发的营业执照,到公安局指定的刻章社去刻公章、财务章。（后面步骤中,均需要用到公章或财务章）章主要包括：

（1）企业公章。

（2）财务专用章。

（3）法定代表人私章。

（4）合同专用章。

（5）发票专用章。

7. 去银行开基本户

领取营业执照后,需去银行开立基本账号,各个银行开户要求略有不同,开基本户需要提前准备好各种材料,一般包括营业执照正本原件、身份证、公章、财务章、法人章等。基本存款账户是存款人因办理日常转账结算和现金收付需要开立的银行结算账户。基本存款账户是存款人的主办账户,存款人日常经营活动的资金收付及其工资、奖金和现金的支取,应通过该账户办理。

8. 办理税务登记申领发票

办理税务登记必须准备以下材料：

（1）《企业法人营业执照》（一般是副本）原件及复印件。

（2）法定代表人身份证原件及复印件。

（3）企业财务人员的会计证。

（4）办税人员身份证原件及复印件。

（5）银行开户许可证复印件。

（6）银行账号证明文件。

（7）企业章程复印件。

（8）企业住所的产权证明。

（9）填写税务登记表（可以事先向所在地税务局领取）,并加盖企业公章,税务局（国税局和地税局）收到以上材料后,进行审核,如果通过则发《税务登记证》。

二、企业开办的注意事项

1. 法人资格

法人是具有民事权利能力和民事行为能力,依法独立享有民事权利和承担民事义务的组织。法人企业或机构都必须由董事长任命法人代表,内资企业法人代表可以是有选举权的守法中国公民,不一定占有股权。法人代表不应有税务不良记录,否则会带来不必要的税务困难。

2. 注册资金

个体户和分公司是不需要注明注册资金的,注册资本实行认缴制后,取消了最低注册资本的要求,而且首次不需要实际出资,也无须再提供验资报告,这大大降低了注册企业的成本,换句话说,现在是几乎零成本注册企业。

3. 企业场所

必须从一开始就要明确真正所需的企业场所,考虑场地预算、场地规格、市场条件和可用性等,并明确选址所需的流程和时间。

4. 银行开户

银行开户法人需要到现场办理,如法人在异地不能到现场办理,部分银行允许法人通过其他方式验证,如微信视频,或法人在异地的银行先开户验证,再委托经办人员携带本人身份证原件及法人身份证原件及上述材料办理开户。

5. 税务登记

税务是公司注册后涉及比较重要的事务,一般要求在申领营业执照后的30天内到税务局办理税务报到程序,核定税种税率,办理税务登记证。另外,每个月要按时向税务申报税,即使没有开展业务不需要缴税,也应进行零申报。

三、退出机制

随着高新技术产业的发展、技术和产品的生命周期不断缩短、创新成本的大幅提高,全球化市场竞争日趋激烈,造成现有生产能力的过剩,迫使企业建立有效的退出机制。通常在高成长时期,企业习惯于把握进入机遇,选择进入领域,这固然是企业成功的要诀。但是,如何把握退出时机,选择退出方式,同样也是企业立于不败之地的关键。

1. 退出机制的类型、方式

(1)公开上市:公开上市(Initial Public Offering,简称"IPO"),是指将风险企业改组为上市公司,风险投资的股份通过资本市场第一次向公众发行,从而实现投资回收和资本增值。根据有关法律规定和外商投资企业的实践,就股份上市的退出机制而言可以采用境外控股公司上市、申请境外上市和申请国内上市三种途径。

(2)股权转让:股东对所持有的公司股权的转让权是公司法中的一项基本法律制度,投资商可以通过股权转让的方式收回投资。

(3)股权回购:如果风险企业在渡过了技术风险和市场风险,已经成长为一个有发展潜力的中型企业后,仍然达不到公开上市的条件,它们一般会选择股权回购的方式实现退出。

股份回购对于大多数风险投资者来说,是一个备用的退出方法。当风险企业不是很成功的时候,为了保证已投入资本的安全,便可采用此种方式退出。由于企业回购对投资双方来说都有一定的诱惑力,所以风险企业从风险投资家手中回购股权的方式发展得很快。在美国,从企业数目来看,风险企业回购已成为风险投资退出的最主要的途径。

(4)利润分红:投资商可以通过企业利润分红达到收回投资的目的。

2. 退出机制的时机

一般认为,只有企业在经营中处于严重的不利地位,才不得不考虑退出,其实这是对企业退出的误解。特别是在新经济发展的年代,信息化、电子化、网络化的各种特点作用下,往往市场环境瞬息变化,企业环境变化迅速,企业可能在快速的环境变化中需要及时做出退出市场的决定,所以对于企业市场退出时机的掌握是非常重要的,这有利于企业退出利益最大化,股东利益最大化。

范 例 一

IBM出售PC业务

知识拓展

工商行政管理常用法律法规(部分)

课后练习

(1)前面案例中小曾已经开始创业,现在她准备在陶艺室旁边开一个奶茶店,供来做陶艺的客人休息、茶歇,请根据小曾的具体情况帮助她编写一份创业计划书。

(2)观看《创业英雄汇》创业项目路演过程,举例说说选手在路演过程中采用了哪些方法及技巧?

(3)收集我国关于鼓励大学生创办企业的一些政策。

(4)通过网络查找并学习更多开办企业的基本法律法规。

小组讨论

(1)创业项目路演的重要性主要体现在哪些方面?

(2)企业开办过程中具体有哪些流程?

(3)创业中退出机制的利和弊?

(4)创业计划书的重要性主要体现在哪些方面?

(5)如何为一个奶茶店编写创业计划书?

参考文献

[1]钟永强,雷蕾.大学生职业生涯规划与就业指导研究[J].科技信息,2010(5):549-550.

[2]汤福球,等.大学生职业生涯规划与就业指导[M].北京:北京邮电大学出版社,2010.

[3]刘婧莉.浅谈大学生职业生涯规划与就业指导[J].科教文汇(中旬刊),2008(11):38.

[4]李富军.大学生职业生涯规划与就业指导[M].西安:西北工业大学出版社,2010.

[5]周长茂.大学生职业生涯规划[M].北京:中国石化出版社,2011.

[6]阮雪刚.大学生职业生涯规划与就业指导[M].上海:上海交通大学出版社,2016.

[7]牟德刚,孙广福,廖传景.大学生职业生涯发展与就业指导[M].北京:科学出版社,2011.

[8]王海军,牟顺海.大学生职业生涯发展与规划[M].东北:东北师范大学出版社,2014.

[9]刘智强.大学规划与职业发展[M].南京:南京大学出版社,2016.

[10]吴亚平.大学生职业生涯规划与就业指南[M].天津:天津大学出版社,2009.

[11]伊芃芃.大学生就业与创业实训教材[M].北京:现代教育出版社,2018.

[12]徐俊祥,黄敏.成功就业——大学生就业技能实训教材[M].北京:现代教育出版社,2017.

[13]陈进,李春雨.西藏大学生职业规划与就业创业指导(下册)[M].成都:电子科技大学出版社,2018.

[14]王莉彦,梁书瀚.大学生职业规划与就业指导[M].成都:四川大学出版社,2017.

[15]韩晓黎.大学生就业心理调适与就业指导[M].成都:西南交通大学出版社,2014.

[16]杨鑫悦.大学生创业教育与指导[M].成都:电子科技大学出版社,2018.

[17]胡天龙.谁动了我的权利?劳动就业纠纷维权必备法律常识[M].北京:中国法制出版社,2016.

［18］姜俊禄．劳动人事争议典型案例评析（第2辑）［M］．北京：中国劳动社会保障出版社，2016.

［19］汪敏．最新中华人民共和国劳动合同法配套解读与实例：含司法解释［M］．北京：法律出版社，2014.

［20］丁梦，王霖，张宝红．大学生就业指导［M］．镇江：江苏大学出版社，2017.

［21］刘敬东．大学生创业基础［M］．北京：现代教育出版社，2016.

［22］柳仁民．大学生创业基础与实训［M］．北京：现代教育出版社，2017.

［23］孙长林．大学生创业教育理论与实务［M］．北京：现代教育出版社，2017.

［24］徐焕然．创未来——大学生创业基础智能训练教程［M］．北京：现代教育出版社，2017.

［25］马聪．大学生创业指导与实务分析［M］．北京：现代教育出版社，2017.

［26］韩娇．大学生创新创业基础模块化实训教程［M］．北京：现代教育出版社，2018.

［27］姚圆鑫，王佳．大学生创新创业教育［M］．北京：国家行政学院出版社，2016.

［28］查良松．大学生创业教育与实践指导［M］．北京：电子工业出版社，2015.

［29］吴剑，王林祥．大学生创新创业案例教程［M］．上海：上海交通大学出版社，2018.

［30］李济环．创享未来——大学生创业知识必读［M］．成都：成都市人力资源和社会保障局，2012.